CP

MARVEL

SPIDER-MAN

Mon super-cahier
MATHS FRANÇAIS

Natacha Boubault
Professeure des écoles

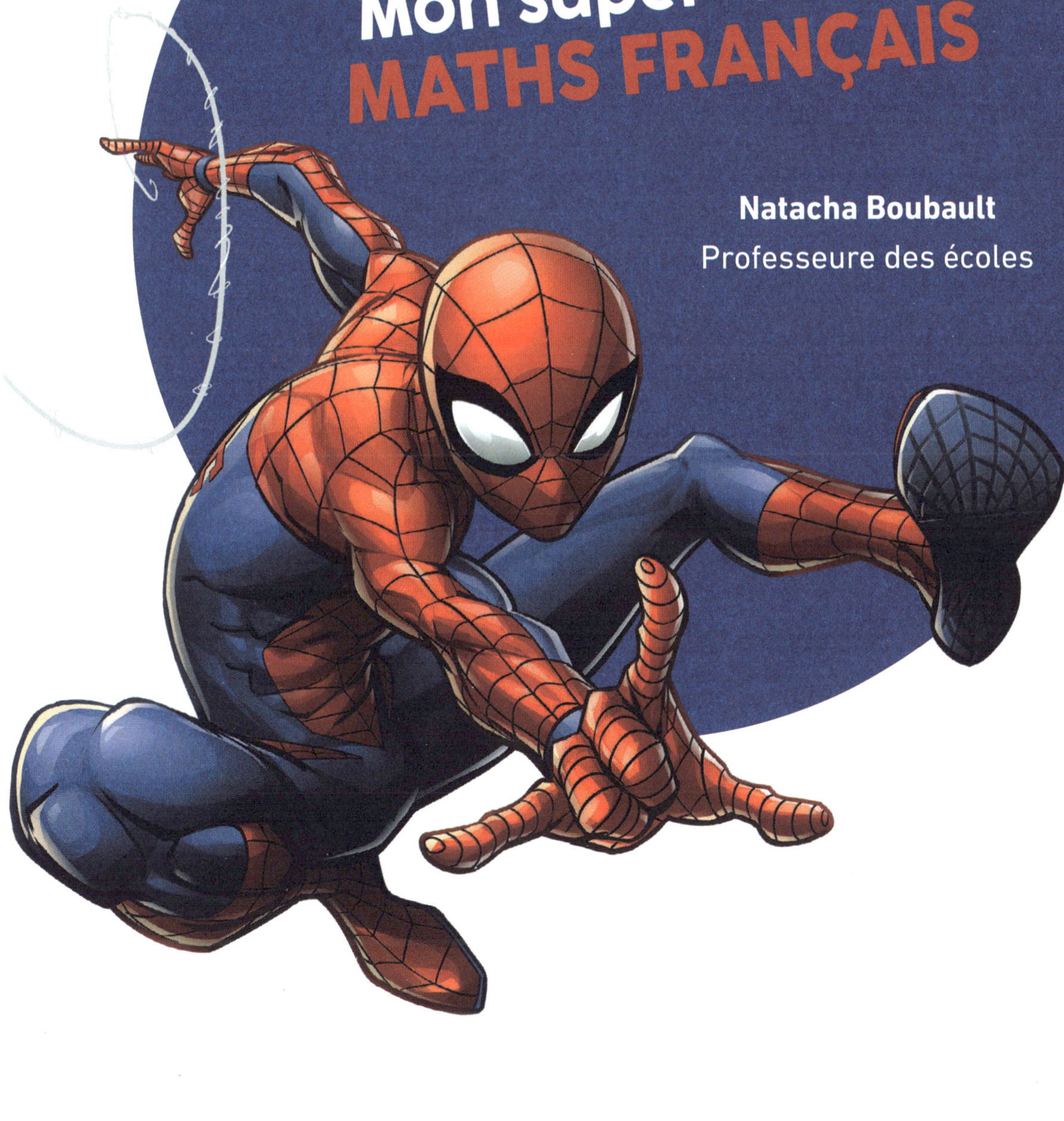

hachette
ÉDUCATION

DÉCOUVRIR LE SUPER-CAHIER

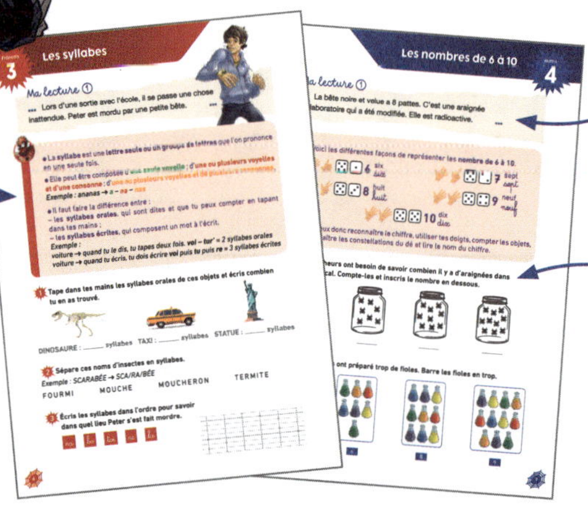

Un rituel de lecture pour découvrir des aventures de Spider-Man.

Une leçon de français ou de maths à lire attentivement en prenant son temps.

Des exercices progressifs à découvrir avec votre enfant, qu'il peut ensuite faire en autonomie.

Les corrigés des exercices et des jeux sont tous disponibles à la fin du cahier.
Vous pouvez ainsi vérifier les réponses et accompagner votre enfant dans la correction.

Les **Spider-Jeux** constituent des moments de respiration pour votre enfant, sans pour autant délaisser les apprentissages.
Ici, votre enfant mobilise ses compétences acquises de manière ludique.

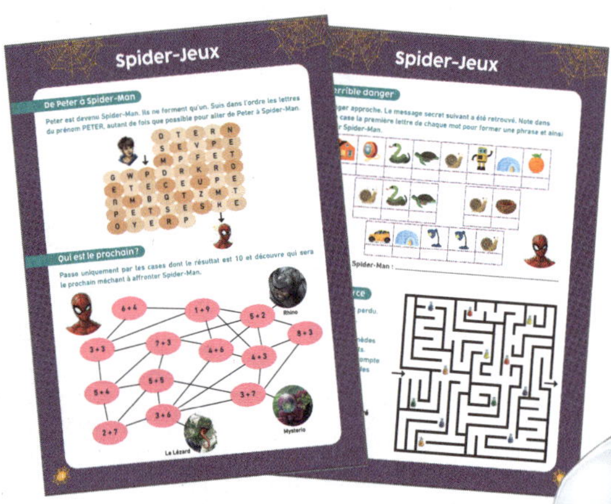

Quelques conseils

- Faites répéter la leçon et les consignes à votre enfant avec ses mots.
- Félicitez votre enfant pour ses bonnes réponses.
- Montrez à votre enfant ses erreurs tout en lui expliquant la bonne réponse et en l'encourageant.
- Prêtez une attention particulière à la posture et à l'environnement de travail de votre enfant.
- Appuyez-vous sur l'univers de Spider-Man pour motiver votre enfant et rendre le travail agréable.

ISBN : 978-2-01-726714-0

58, rue Jean Bleuzen,
CS 70007, 92178 Vanves Cedex

Police SG STYLO © 4 HEURES
Images hors licence : © Shutterstock

www.parascolaire.hachette-education.com
Dépôt légal : Juillet 2024 – Édition : 01

Couverture
Création graphique et réalisation : Joséphine Cormier
Intérieur
Conception graphique : Joséphine Cormier
Réalisation : Médiamax
Édition : Morgane Boubault, Marie-Lou Copin
Relecture : AKYZ
Achevé d'imprimer en Juin 2024 en Italie par Bona S.p.A.

Sommaire

Français
1 L'alphabet et les voyelles

Ma lecture ①

Peter est un ado qui n'a pas d'amis.
Il est élève au lycée. ...

- Il y a **26 lettres** dans l'alphabet que tu peux retrouver dans **3 écritures différentes**.

→ Les lettres **capitales** (en bâton)
A B C D E F G H I J K L M N O P Q R S T U V W X Y Z

→ Les lettres **scriptes**
a b c d e f g h i j k l m n o p q r s t u v w x y z

→ Les lettres **cursives** (pour écrire en attaché)
a b c d e f g h i j k l m n o p q r s t u v w x y z

- Parmi ces 26 lettres, il y a **6 voyelles** : A E I O U Y. Elles font **le même son que leur nom**. *Exemple : La voyelle A fait aaa.*
- L'exception est la **voyelle Y** qui fait iii.
- Les **20** autres lettres sont des **consonnes**.

1 **Entoure toutes les lettres de l'alphabet pour aider Peter à faire ses devoirs.**

B 6 * 7 t v # 3 x w R & g L m

2 **Colorie les cases avec des voyelles.**

B	A	v	O	j	i	p	n	q	y	c	m
Y	t	e	a	h	x	k	I	o	w	L	E

3 **Complète ces mots avec la bonne voyelle : A E I O U, pour trouver les lieux qui sont sur le chemin du lycée.**

P.....RC

STAD.....

M.....SÉE

AÉR.....PORT

B.....BLIOTHÈQUE

Les chiffres de 1 à 5

Ma lecture ①

... Le papa et la maman de Peter sont morts quand il avait six ans. Depuis, il vit avec son oncle Ben et sa tante May. ...

- Voici les différentes façons de représenter les **chiffres de 1 à 5**.

1 un *un*

2 deux *deux*

3 trois *trois*

4 quatre *quatre*

5 cinq *cinq*

- Tu peux donc reconnaître le chiffre, utiliser tes doigts, compter les objets, reconnaître les constellations du dé et lire le nom du chiffre.

1 Dessine le bon nombre d'araignées sur chaque toile.

3

2

4

2 Lis et écris en chiffres pour trouver le code de l'alarme de la maison de Peter.

cinq : .... deux : .... quatre : .... trois : ....

Le code secret est :

3 Compte le nombre d'immeubles dans le quartier.

Il y a .... immeubles dans le quartier.

Français
3
Les syllabes

Ma lecture ①

... Lors d'une sortie avec l'école, il se passe une chose inattendue. Peter est mordu par une petite bête. ...

- La **syllabe** est une **lettre seule ou un groupe de lettres** que l'on prononce en une seule fois.
- Elle peut être composée d'**une seule voyelle** ; d'**une ou plusieurs voyelles et d'une consonne** ; d'**une ou plusieurs voyelles et de plusieurs consonnes**.
*Exemple : ananas → **a** – **na** – **nas***
- Il faut faire la différence entre :
– les **syllabes orales**, qui sont dites et que tu peux compter en tapant dans tes mains ;
– les **syllabes écrites**, qui composent un mot à l'écrit.
Exemple :
*voiture → quand tu le dis, tu tapes deux fois. **voi – tur'** = 2 syllabes orales*
*voiture → quand tu écris, tu dois écrire **voi** puis **tu** puis **re** = 3 syllabes écrites*

1 **Tape dans tes mains les syllabes orales de ces objets et écris combien tu en as trouvé.**

DINOSAURE : .... **syllabes** **TAXI :** .... **syllabes** **STATUE :** .... **syllabes**

2 **Sépare ces noms d'insectes en syllabes.**

Exemple : SCARABÉE → SCA/RA/BÉE

FOURMI MOUCHE MOUCHERON TERMITE

3 **Écris les syllabes dans l'ordre pour savoir dans quel lieu Peter s'est fait mordre.**

ra bo toi re la

Les nombres de 6 à 10

Ma lecture ①

... La bête noire et velue a 8 pattes. C'est une araignée de laboratoire qui a été modifiée. Elle est radioactive. ...

- Voici les différentes façons de représenter les **nombre de 6 à 10**.

- Tu peux donc reconnaître le chiffre, utiliser tes doigts, compter les objets, reconnaître les constellations du dé et lire le nom du chiffre.

1 **Les chercheurs ont besoin de savoir combien il y a d'araignées dans chaque bocal. Compte-les et inscris le nombre en dessous.**

....

2 **Les chercheurs ont préparé trop de fioles. Barre les fioles en trop.**

7 6 8 9

Français

5 Le son (l)

Ma lecture ①

... Après cette morsure Peter sent que quelque chose change en lui. Il se découvre de nouveaux pouvoirs. ...

Je vois

L l L l

J'écris

J'entends

Le lilas

1 Lis les syllabes.

le ly la il al lo el lé lè ol

2 Entoure le dessin quand tu entends le son (l).

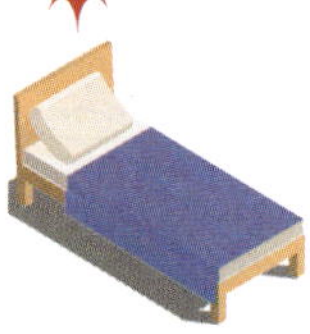

3 Complète les mots avec la syllabe qui convient.

LA LI LO LU

SA..............DE ....VRE ....NE ....COMOTIVE

4 Entraîne-toi à écrire la lettre l.

l

Les unités et les dizaines

Ma lecture ①

... Peter arrive à tenir sur les murs. Ses mains sont collantes comme des toiles d'araignée. Il est aussi habile et très rapide. ...

- Lorsque l'on compte un objet, on peut le représenter par **une unité** : 
- On peut représenter toutes les quantités par des unités.

Exemple : six unités → 

- Pour simplifier le comptage, on peut **échanger 10 unités contre une dizaine**.

C'est une barre de **10 unités**.

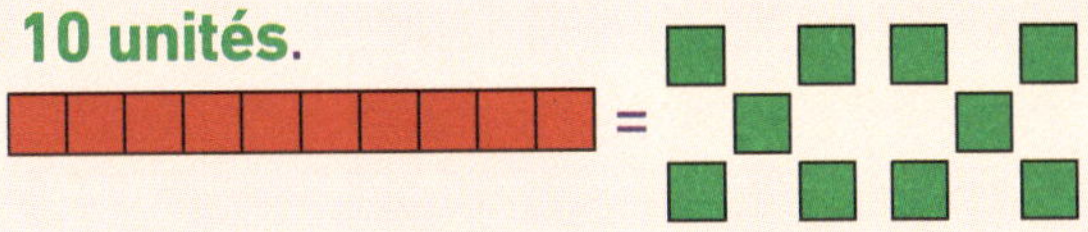

1 dizaine = 10 unités

- Tu peux écrire le nombre d'unités et de dizaines dans un tableau pour lire plus facilement les nombres.

Exemple : Le nombre 57 donne

Dizaines	Unités
5	7

1 Peter a sauté sur un petit mur. Des briques sont tombées. Compte le nombre de briques tombées en faisant des paquets de 10.

Il y a .... paquets de 10 briques. On peut dire qu'il y a .... dizaines.

2 Complète les barres de 10 avec les unités manquantes.

a. 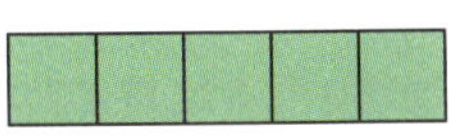

b. 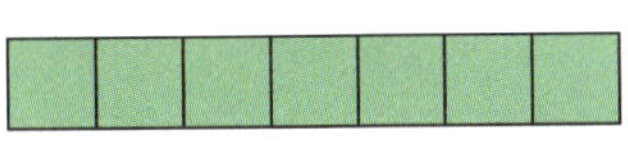

c. 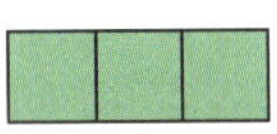

d. 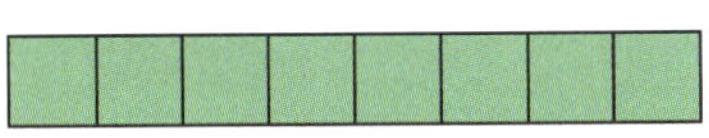

Français 7

Le son (m) et le son (n)

Ma lecture ①

... Peter adopte la tenue rouge et bleue de Spider-Man.
Il commence à se battre pour tester ce qui a changé en lui. ...

Je vois	J'écris	J'entends
M m *M* *m*	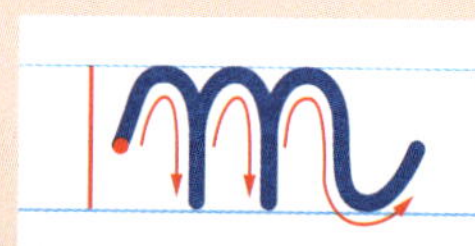	La **maman** 
N n *N* *n*		La **niche** 

1 Entoure en rouge les lettres m et en bleu les lettres n.

M   n   N   *m*   r   *n*   M   m   *N*

2 Complète ces mots avec la bonne lettre : M ou N.

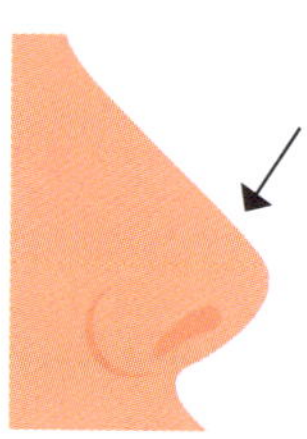

.....EZ

MO.....IE

TO.....ATE

.....UAGE

3 Entraîne-toi à écrire les lettres *m* et *n*.

m

n

Les compléments à 10

Ma lecture ①

▪▪▪ Un jour, lors d'une lutte, Peter repère un voleur.
Il le voit fuir, mais ne le suit pas. ▪▪▪

● Pour calculer plus vite, il est important de connaître par cœur les compléments à 10.

0 + 10 = 10	6 + 4 = 10
1 + 9 = 10	7 + 3 = 10
2 + 8 = 10	8 + 2 = 10
3 + 7 = 10	9 + 1 = 10
4 + 6 = 10	10 + 0 = 10
5 + 5 = 10	

1 **Colorie les étiquettes dont la somme fait 10.**

5 + 2   6 + 4   2 + 8   9 + 1   3 + 7   5 + 4   4 + 6   3 + 6

2 **Complète les commandes de Peter, Gwen et Miles pour avoir 10 pizzas à chaque fois.**

Spider-Jeux

De Peter à Spider-Man

Peter est devenu Spider-Man. Ils ne forment qu'un. Suis dans l'ordre les lettres du prénom PETER, autant de fois que possible pour aller de Peter à Spider-Man.

			D	T	E	R	N
			S	E	V	P	E
			M	P	F	E	T
G	W	P	D	R	K	R	O
E	T	E	C	E	U	P	E
R	M	B	Q	T	Z	M	T
P	E	T	S	E	S	R	E
O	Y	E	R	P			

Qui est le prochain ?

Passe uniquement par les cases dont le résultat est 10 et découvre qui sera le prochain méchant à affronter Spider-Man.

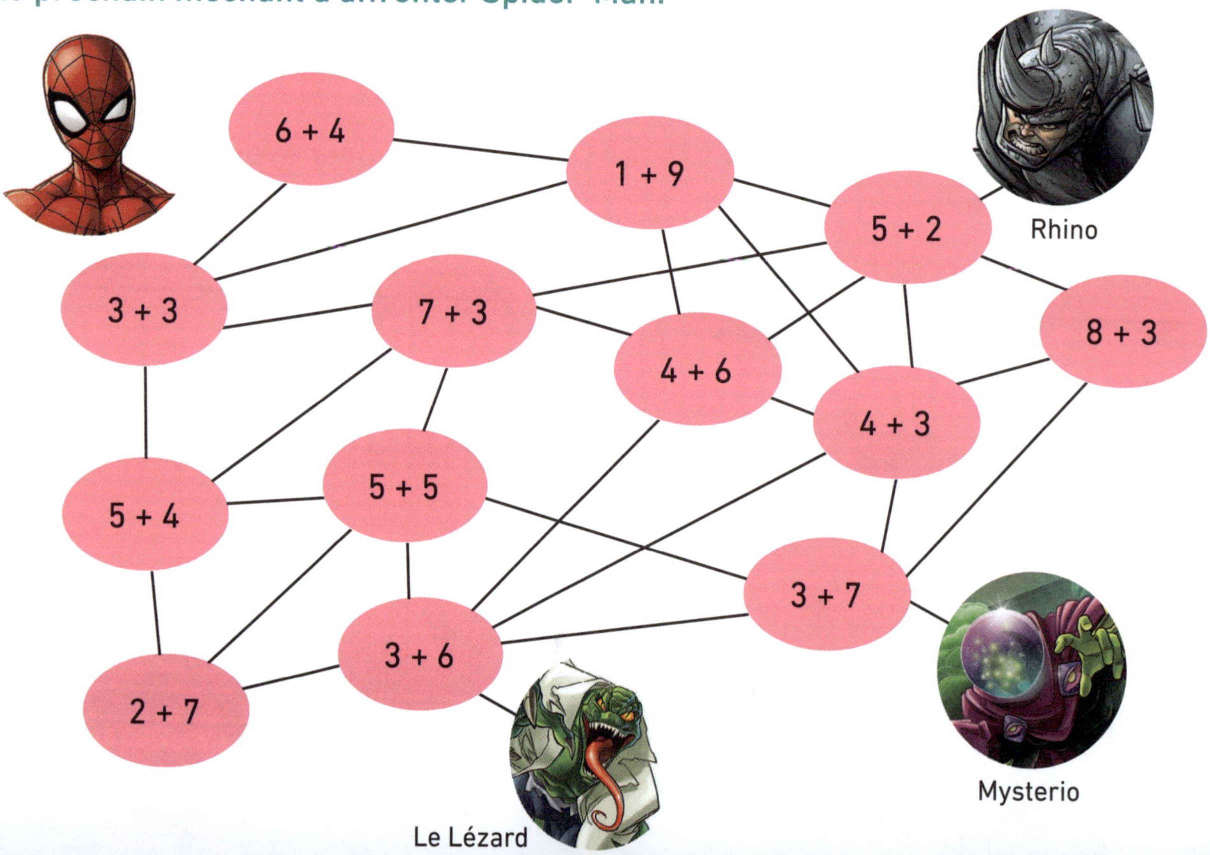

Ma lecture ①

... La nuit venue, le voleur entre dans la maison de Peter. Une chose terrible arrive. ...

Je vois

R r ℛ 𝓇

J'écris

J'entends

Le radis

1 Lis les syllabes.

ri ru ir or ar ré ur rè ry

2 Entoure le dessin quand tu entends le son (r).

3 Complète les mots avec la syllabe qui convient.

AR RI RO RA

..........BOT FA..........NE ....TEAU ....TICHAUT

4 Entraîne-toi à écrire la lettre 𝓇.

𝓇

Maths 10

Les nombres de 11 à 19

Ma lecture ①

... L'oncle Ben est tué par l'intrus. Peter est très triste et très en colère contre tous, mais surtout contre lui-même. ...

- Voici différentes façons de représenter les nombres de 11 à 19.

11 onze onze

12 douze douze

13 treize treize

14 quatorze quatorze

15 quinze quinze

16 seize seize

17 dix-sept dix-sept

18 dix-huit dix-huit

19 dix-neuf dix-neuf

- Tu peux reconnaître le chiffre, compter les objets, reconnaître les constellations du dé et lire le nom du chiffre. Tu peux aussi utiliser tes doigts pour compter.

1 **Compte le nombre de billets dans chaque sac de voleur et note-le.**

....

....

....

2 **En prenant la fuite, le voleur a cassé des colliers. Dessine les perles manquantes pour obtenir le nombre indiqué sous chaque collier.**

12 perles

18 perles

14 perles

Le son (p)

Ma lecture ①

... Peter enfile sa tenue de Spider-Man. Il part alors aussitôt à la recherche du voleur. ...

Je vois

P p 𝒫 𝓅

J'écris

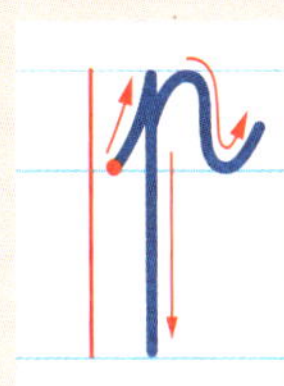

J'entends

Le **papa**

1 **Lis les syllabes.**

pi op pè py pe ip po ap pu

2 **Entoure le dessin quand tu entends le son (p).**

3 **Complète les mots avec la syllabe qui convient.**

PA PI PU PÉ

..........RASOL

..........TOIS

E..........E

..........SSENLIT

4 **Entraîne-toi à écrire la lettre 𝓅.**

𝓅

Maths

12 L'écriture des nombres de 1 à 19

Ma lecture ①

... Peter s'envole et tisse des toiles à vive allure. Il réussit alors à attraper le malfrat. ...

• Voici comment s'écrivent les nombres de 1 à 19.

1 un un
2 deux deux
3 trois trois
4 quatre quatre
5 cinq cinq
6 six six
7 sept sept
8 huit huit
9 neuf neuf
10 dix dix
11 onze onze
12 douze douze
13 treize treize
14 quatorze quatorze
15 quinze quinze
16 seize seize
17 dix-sept dix-sept
18 dix-huit dix-huit
19 dix-neuf dix-neuf

1 **Écris le nombres de 0 à 9 en repassant sur les modèles, puis sans modèle.**

2 **Complète en chiffres ou en lettres comme l'exemple (8 : huit).**

a. 17 : ....

b. 11 : ....

c. 16 : ....

d. 13 : ....

e. 18 : ....

f. .... : quinze

g. .... : douze

h. .... : dix-neuf

i. .... : quatorze

j. .... : dix

Le son (b) et le son (d)

Ma lecture ①

... Dans le journal, on parle de Spider-Man.
On raconte tous ses exploits. ...

Je vois

B b B b

D d D d

J'écris

J'entends

Le bébé

Le domino

1 Entoure en rouge les lettres d et en bleu les lettres b.

b D d b D p B d B q

2 Complète ces mots avec la bonne lettre : B ou D.

.......IBERON

.......AME

LAVA.......O

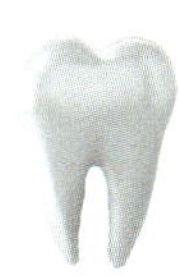

.......ENT

3 Entraîne-toi à écrire les lettres b et d.

b

d

Maths 14

Les tables d'addition

Ma lecture ①

... Spider-Man est devenu un super-héros. Il est devenu célèbre. Peter cache bien son secret. ...

• Pour calculer plus vite, il est important de connaître par cœur les tables d'addition.

+	1	2	3	4	5	6	7	8	9	10
1	2	3	4	5	6	7	8	9	10	11
2	3	4	5	6	7	8	9	10	11	12
3	4	5	6	7	8	9	10	11	12	13
4	5	6	7	8	9	10	11	12	13	14
5	6	7	8	9	10	11	12	13	14	15
6	7	8	9	10	11	12	13	14	15	16
7	8	9	10	11	12	13	14	15	16	17
8	9	10	11	12	13	14	15	16	17	18
9	10	11	12	13	14	15	16	17	18	19
10	11	12	13	14	15	16	17	18	19	20

1 Complète avec les résultats de ces calculs.

a. 8 + 1 = ...

b. 4 + 3 = ...

c. 6 + 3 = ...

d. 2 + 3 = ...

e. 9 + 4 = ...

f. 8 + 5 = ...

g. 6 + 5 = ...

h. 9 + 7 = ...

i. 3 + 1 = ...

j. 4 + 7 = ...

k. 5 + 7 = ...

l. 4 + 2 = ...

2 Complète les maisons avec toutes les additions qui font 2, 5, 8.

Maison du 2

Maison du 5

Maison du 8

Le son (t)

Ma lecture ①

... Le jour, il continue d'aller à l'école. Il vit sa vie comme un ado normal malgré la popularité de Spider-Man. ...

Je vois

T t *T t*

J'écris

J'entends

Le **t**apis

1 Lis les syllabes.

tu ta ty to té tè it at ot

2 Entoure le dessin quand tu entends le son (t).

3 Complète les mots avec la syllabe qui convient.

TA TÉ TO TI

..............SSE ....RELIRE ....MATE ....TINE

4 Entraîne-toi à écrire la lettre *t*.

t

Maths 16

Les nombres de 20 à 59

Ma lecture ①

... Mais la nuit, avec sa tenue de Spider-Man, il arrive à battre tous les méchants. ...

20 c'est 2 paquets de 10 — vingt *vingt* — 20 21 22 23 24 25 26 27 28 29

30 c'est 3 paquets de 10 — trente *trente* — 30 31 32 33 34 35 36 37 38 39

40 c'est 4 paquets de 10 — quarante *quarante* — 40 41 42 43 44 45 46 47 48 49

50 c'est 5 paquets de 10 — cinquante *cinquante* — 50 51 52 53 54 55 56 57 58 59

1 Écris le nombre de cubes correspondant.

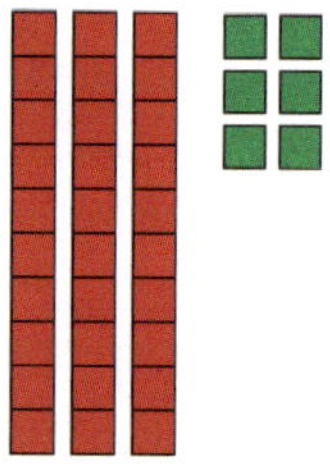

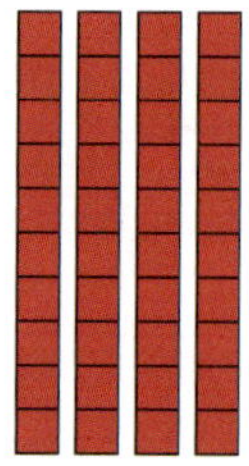

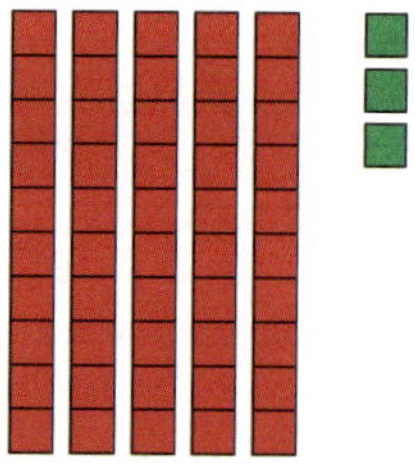

a. .... → .... **b.** .... → .... **c.** .... → ....

2 Écris ces nombres en chiffres.

a. trente-trois : ....

b. quarante-sept : ....

c. cinquante-cinq : ....

d. vingt-sept : ....

e. trente-huit : ....

f. quarante-deux : ....

3 Complète le tableau avec les nombres manquants.

vingt	....	21	22	23	24	....	26	27	....	29
trente	30	....	32	33	....	35	36	....	38	39
quarante	40	41	42	....	44	45	....	47	....	49
cinquante	50	51	....	53	54	55	56	....	58	59

Spider-Jeux

Un terrible danger

Un danger approche. Le message secret suivant a été retrouvé. Note dans chaque case la première lettre de chaque mot pour former une phrase et ainsi prévenir Spider-Man.

Message pour Spider-Man : ....

Besoin de force

Spider-Man s'est perdu.
Il doit sortir de là.
Sur son chemin,
il récupère les remèdes
contre les méchants.
Aide-le à sortir et compte
le nombre de remèdes
ramassés.

Spider-Man a récupéré

.... remèdes.

Le son (f) et le son (v)

Ma lecture ①

... Peter est devenu pour toujours Spider-Man.
Il suit son destin. ...

Je vois

F f 𝒻 f

V v 𝒱 v

J'écris

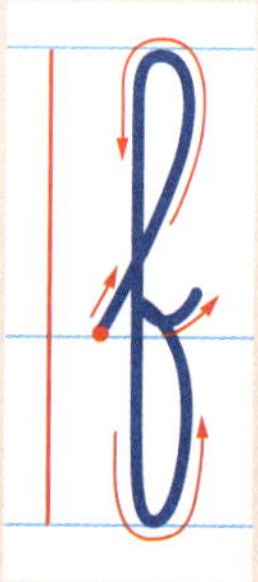

J'entends

La fusée

La valise

1 **Entoure en rouge les lettres f et en bleu les lettres v.**

F v g V f F V t v f

2 **Complète ces mots avec la bonne lettre : F ou V.**

.......ORÊT

.......OITURE

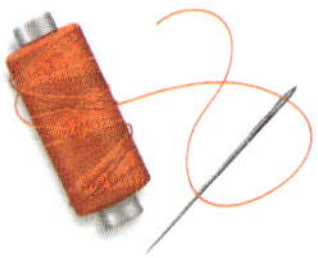

.......IL

RÉ.......EIL

3 **Entraîne-toi à écrire les lettres f et v.**

f

v

Les nombres de 60 à 100

Ma lecture ①

... Sa mission est de lutter contre les méchants.
Il débarrassera sa ville du mal. **FIN**

60	c'est 6 paquets de 10	soixante *soixante*	60 61 62 63 64 65 66 67 68 69
70	c'est 7 paquets de 10	soixante-dix *soixante-dix*	70 71 72 73 74 75 76 77 78 79
80	c'est 8 paquets de 10	quatre-vingts *quatre-vingts*	80 81 82 83 84 85 86 87 88 89
90	c'est 9 paquets de 10	quatre-vingt-dix *quatre-vingt-dix*	90 91 92 93 94 95 96 97 98 99
100	c'est 10 paquets de 10	cent *cent*	

1 **Lis les nombres et écris-les en chiffres.**

a. quatre-vingts : .... **c.** soixante-huit : .... **e.** soixante-quinze : ....

b. soixante-treize : .... **d.** quatre-vingt-seize : .... **f.** quatre-vingt-trois : ....

2 **Colorie les carrés pour obtenir le nombre indiqué en dessous.**

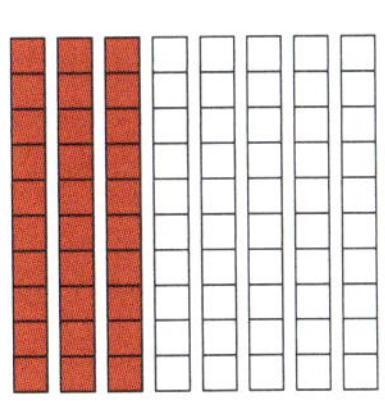

72

83

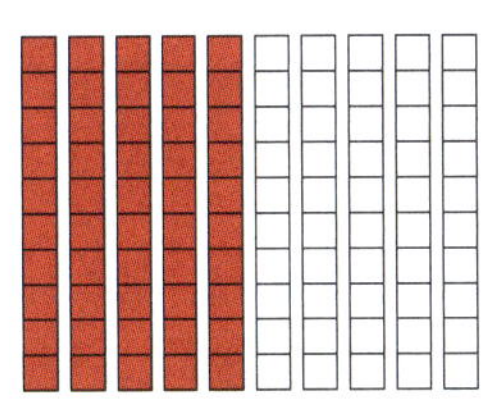

98

3 **Compte le nombre d'étoiles en les regroupant. Cela correspond au nombre d'innocents sauvés par Spider-Man !**

Spider-Man a sauvé .... innocents.

Français 19

Le son (é) et le son (è)

Ma lecture ②

Ce matin, Peter lit le journal en buvant son café. Une terrible nouvelle est annoncée. ...

- **Le son (é)**

Je vois

É é *é*

EZ ez *ez*

ER er *er*

J'écris

J'entends

Le réveil

Le nez

Le panier

- **Le son (è)**

Je vois

È è *è*

EI ei *ei*

AI ai *ai*

ET et *et*

J'écris

J'entends

La chèvre

La neige

Le balai

Le jouet

1 Lis les syllabes.

mé pai lez nè él vez ter jet

2 Entoure le dessin en rouge quand tu entends le son (é) et en bleu quand tu entends le son (è).

 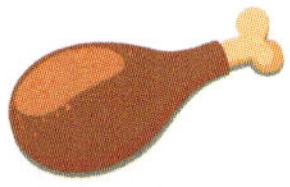   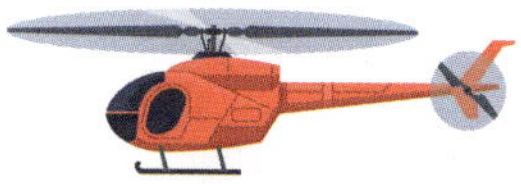 

3 Souligne les lettres qui font le son (é) en rouge et celles qui font le son (è) en bleu.

NEZ MANÈGE LAINE CHALET BALEINE GOÛTER

L'écriture des nombres de 20 à 100

Ma lecture ②

... Le Lézard est revenu en ville ! Vite, Peter va enfiler sa tenue de Spider-Man. ...

• Pour rappel, voici comment s'écrivent les nombres de 20 à 100.

20	vingt vingt	70	soixante-dix soixante-dix	⚠ soixante-et-**onze**, soixante-**douze**, soixante-**treize**, soixante-**quatorze**, soixante-**quinze**, soixante-**seize**, soixante-**dix-sept**, soixante-**dix-huit**, soixante-**dix-neuf**
30	trente trente	80	quatre-vingts quatre-vingts	
40	quarante quarante			
50	cinquante cinquante	90	quatre-vingt-dix quatre-vingt-dix	⚠ quatre-vingt-**onze**, quatre-vingt-**douze**, quatre-vingt-**treize**, quatre-vingt-**quatorze**, quatre-vingt-**quinze**, quatre-vingt-**seize**, quatre-vingt-**dix-sept**, quatre-vingt-**dix-huit**, quatre-vingt-**dix-neuf**
60	soixante soixante	100	cent cent	

1 **Relie les bonnes étiquettes entre elles.**

85 •	• soixante-douze
72 •	• quatre-vingt-quinze
62 •	• quatre-vingt-cinq
95 •	• soixante-deux

2 **Écris en lettres les nombres suivants.**

87

99

76

Français 21

Le son (o)

Ma lecture ②

... Le Lézard est le docteur Connors. Son bras a été arraché. Il a voulu le faire repousser avec une formule à base de lézards. ...

Je vois	J'écris	J'entends
O o o	o	La moto 
AU au au	au	La taupe 
EAU eau eau	eau	Le seau 

1 Lis les syllabes.

peau bo neau mau op or om ov fau

2 Entoure le dessin quand tu entends le son (o).

3 Entraîne-toi à écrire le son (o).

o

au eau

Les doubles et les moitiés

Maths **22**

Ma lecture ②

... Docteur Connors a utilisé cette formule pour être plus fort.
Il est devenu un gros méchant lézard. ...

- Un **double**, c'est quand on a **deux fois** la même chose.

Exemple : Peter achète 2 hot-dogs et la vendeuse ***en ajoute*** *2.*
Il a 2 + 2 = 4 hot-dogs. Le double de 2, c'est 4.

- Une **moitié**, c'est quand on partage **en deux parts égales**.

Exemple : Peter rapporte 6 hot-dogs. Il en donne 3 à Tante May
et il en mange 3, car 6 = 3 + 3.

⚠ On ne peut partager en deux que les nombres qui se terminent par 0 ; 2 ; 4 ; 6 et 8. On les appelle les nombres pairs.

1 + 1 = 2
2 + 2 = 4
3 + 3 = 6
4 + 4 = 8
5 + 5 = 10
6 + 6 = 12
7 + 7 = 14
8 + 8 = 16
9 + 9 = 18
10 + 10 = 20

La moitié de 2 est 1, car 2 = 1 + 1
La moitié de 4 est 2, car 4 = 2 + 2
La moitié de 6 est 3, car 6 = 3 + 3
La moitié de 8 est 4, car 8 = 4 + 4
La moitié de 10 est 5, car 10 = 5 + 5
La moitié de 12 est 6, car 12 = 6 + 6
La moitié de 14 est 7, car 14 = 7 + 7
La moitié de 16 est 8, car 16 = 8 + 8
La moitié de 18 est 9, car 18 = 9 + 9
La moitié de 20 est 10, car 20 = 10 + 10

1 **Le marchand donne le double de hot-dogs à Spider-Man.**
Complète les opérations en dessous pour savoir combien il en reçoit.

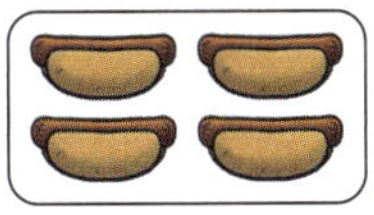

4 + 4 = ...

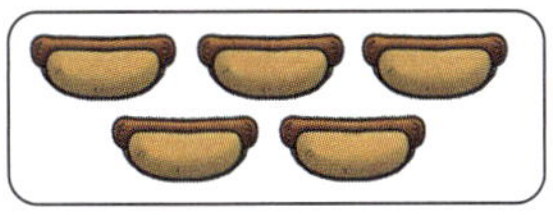

5 + ... = ...

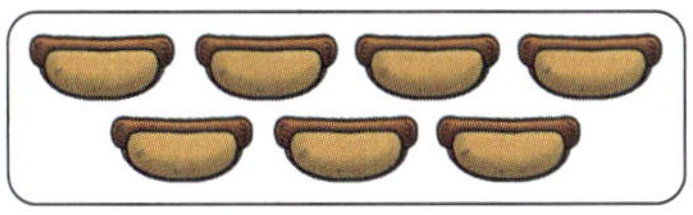

.... + ... = ...

2 **Peter partage ses cookies avec Tante May. Fais des parts égales et écris dans les cases combien chacun en aura.**

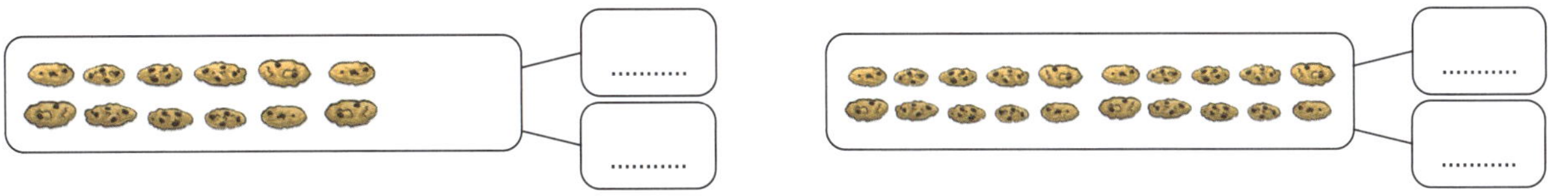

Le son (ou)

Ma lecture ②

... La femme du Docteur demande de l'aide à Spider-Man. Son mari s'est transformé en un horrible reptile. ...

Je vois

OU ou *ou*

J'écris

J'entends

Le hib**ou**

1 Lis les syllabes.

nou bou fou dou vou tou pou rou lou

2 Entoure le dessin quand tu entends le son (ou).

3 Complète les mots avec la syllabe qui convient.

BOU COU MOU POU

...............TEAU ....LE ....LE ....TON

4 Entraîne-toi à écrire le son (ou).

ou

Comparer les nombres

Maths **24**

Ma lecture ②

▪▪▪ Spider-Man promet à la femme du Lézard de le retrouver. Il file très vite à sa poursuite. ▪▪▪

- Pour **comparer des nombres**, on doit chercher lequel de ces deux nombres est **le plus grand** ou **le plus petit**. On compare en premier les dizaines. Si elles sont identiques, on regarde les unités.
- Si on veut montrer lequel est **le plus petit**, on utilise le signe **<**.

Exemple : 

3 < 4

*Tu dis « 3 est **plus petit** que 4. »*

- Si on veut montrer lequel est **le plus grand**, on utilise le signe **>**.

Exemple : 

12 > 10

*Tu dis « 12 est **plus grand que** 11. »*

1 **Des serpents ont été vus dans toute la ville. Aide la police à les compter et à comparer leur nombre. Dans quel lieu y en a-t-il le plus petit nombre ?**

Au parc : ....

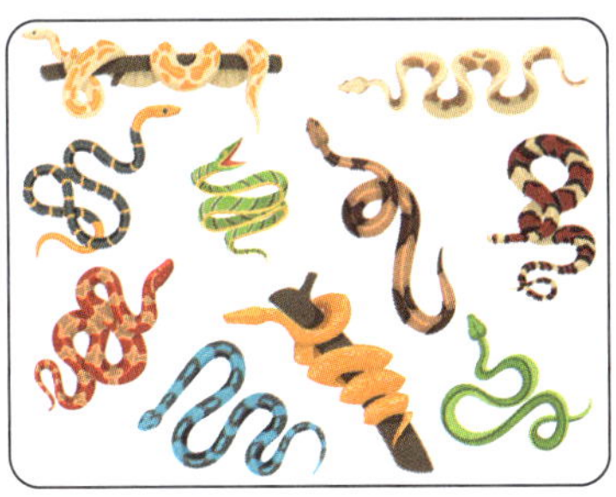

Au supermarché : ....

Le lieu où il y a le plus petit nombre de serpents est : ....

2 **Compare ces nombres en complétant avec le signe < ou le signe >.**

a. 25 ...... 37 **c.** 42 ...... 12 **e.** 63 ...... 35 **g.** 47 48

b. 36 ...... 65 **d.** 98 ...... 89 **f.** 72 ...... 63 **h.** 27 37

3 **Complète avec le nombre de ton choix.**

a. 27 < .... **b.** 36 > .... **c.** 88 < .... **d.** 12 > ....

Spider-Jeux

Cours d'anglais

Gwen Stacy vient de sortir de son cours d'anglais. Elle te propose un petit jeu pour deviner comment on dit « araignée » en anglais. Suis le chemin de chaque lettre pour les remettre à leur place. Tu sauras alors comment les Anglais disent « araignée ».

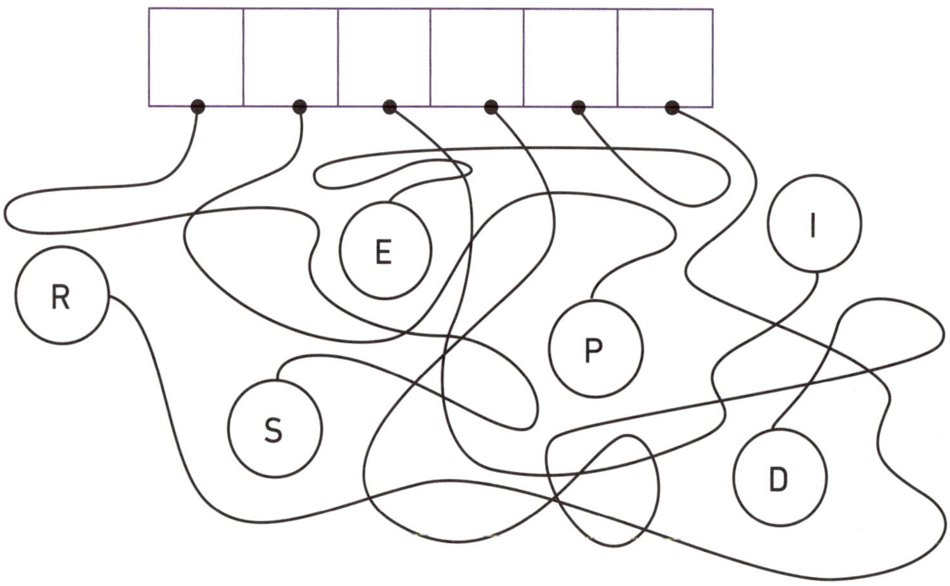

Quel beau dessin !

Ce matin, Tante May a laissé un petit dessin à Peter pour lui souhaiter une bonne journée. Colorie uniquement les cases avec les nombres pairs pour découvrir ce qu'il représentait.

37	69	13	24	68	23	41	85	78	64	11	5	31
25	21	22	37	13	24	27	32	71	81	82	17	43
39	81	54	9	97	49	54	89	63	71	16	7	55
57	99	66	13	25	47	31	77	55	59	26	99	19
61	37	31	48	85	51	33	65	47	34	17	87	85
43	33	43	65	28	69	43	53	60	47	25	75	13
21	61	57	37	39	88	45	46	59	15	83	63	51
29	87	69	21	41	53	14	47	11	23	47	51	89

Le son (on)

Ma lecture ②

... Spider-Man repère Le Lézard dans la ville.
Trop tard ! Il s'enfuit ! ...

Je vois

ON on on

J'écris

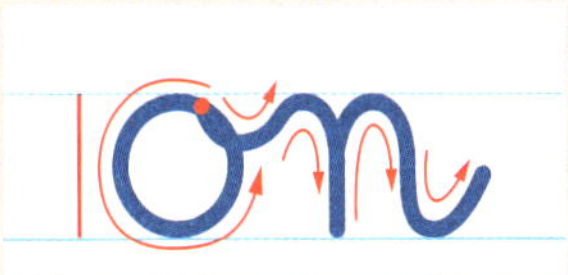

J'entends

Le bonbon

1 Lis les syllabes.

pon ton fon lon von don bon non ron

2 Entoure le dessin quand tu entends le son (on).

  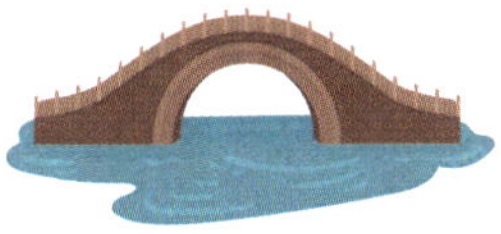   

3 Complète les mots avec la syllabe qui convient.

CHON LON MON SON

CO.................. POIS.................. ....TAGNE BAL..................

4 Entraîne-toi à écrire le son (on).

on

Maths

26 Ranger les nombres

Ma lecture ②

... Le Lézard est vraiment très en colère.
Il a décidé de tout casser dans la ville. ...

- Pour **ranger des nombres**, il faut **d'abord les comparer** pour savoir lesquels sont les plus petits et lesquels sont les plus grands.
- On peut ranger les nombres de deux façons différentes :

– **du plus petit au plus grand**. On utilise alors le signe **<** entre chaque nombre.

Exemple : Tu ranges 27 ; 12 et 35 → 12 < 27 < 35
*Tu lis « 12 est **plus petit que** 27 qui est **plus petit que** 35. »*

– **du plus grand au plus petit**. On utilise alors le signe **>** entre chaque nombre.

Exemple : Tu ranges 27 ; 12 et 35 → 35 > 27 > 12
*Tu lis « 35 est **plus grand que** 27 qui est **plus grand que** 12. »*

1 **Colorie le vivarium avec le plus d'araignées et entoure celui avec le moins d'araignées.**

2 **Range les nombres suivant dans la bande et dans l'ordre croissant (du plus petit au plus grand) : 71 ; 27 ; 45 ; 78.**

15 < .... < 30 < .... < 60 < .... < .... < 98

3 **Compte le nombre d'étoiles de chaque couleur et range ces nombres dans l'ordre décroissant (du plus grand au plus petit).**

.... étoiles rouges .... étoiles bleues .... étoiles vertes .... étoiles orange

donc .... > .... > .... > ....

Ma lecture ②

... Le Lézard atterrit sur le mur du labo.
Spider-Man le suit en essayant d'être discret. ...

Je vois

CH ch ch

J'écris

J'entends

Le cheval

1 Lis les syllabes.

ché ich och chau chon chou chè ach chai

2 Entoure le dessin quand tu entends le son (ch).

 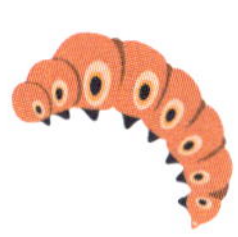    

3 Complète les mots avec la syllabe qui convient.

CHA CHU CHI CHE

...............PEAU

...............FFRE

LOU...............

PARA...............TE

4 Entraîne-toi à écrire le son (ch).

ch

Maths 28

Les additions en ligne

Ma lecture ②

▪▪▪ Spider-Man repère le remède sur la table. De façon habile, il arrive à l'attraper. ▪▪▪

- Les **additions en ligne** utilisent **le signe +** et **le signe =**.
Elles s'écrivent sous la forme : **n + n = résultat**
Exemple : 6 + 4 = 10

- Elles peuvent servir à rédiger une réponse de calcul dans un problème. Pour trouver le résultat d'une addition en ligne, **on additionne en premier les unités** ensemble, **puis les dizaines** ensemble.

Exemple : **15 + 23 = _ _** — *Tu commences par calculer les unités, donc 5 + 3 = 8.*

15 + 23 = _ 8 — *Tu continues en calculant les dizaines, donc 1 + 2 = 3.*

15 + 23 = 38 — *Le résultat est donc* **38**.

1 **Pour chaque nombre, entoure en rouge le chiffre des dizaines et en vert celui des unités.**

27 56 38 7 75 93

2 **Effectue ces additions en ligne. Tu peux t'aider en mettant des couleurs.**

a. 25 + 14 = ... **c.** 32 + 54 = ... **e.** 64 + 24 = ...

b. 15 + 32 = ... **d.** 73 + 2 = ... **f.** 54 + 21 = ...

3 **Pour fabriquer le remède, le docteur Connors a utilisé 15 gouttes de potion bleue, puis il a ajouté 23 gouttes de potion rouge. Combien y a-t-il de gouttes de potion en tout dans le remède ?**

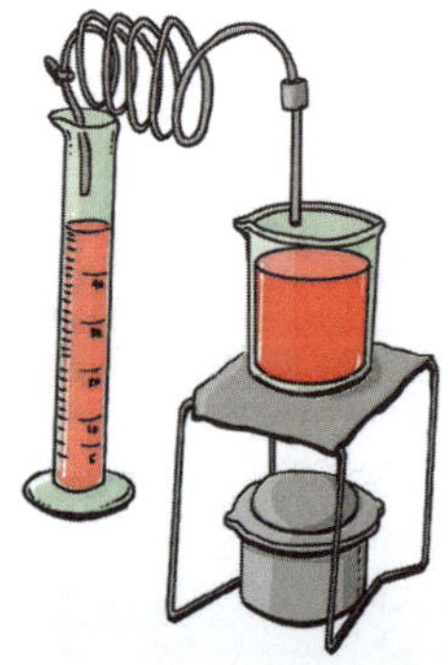

- Calcul : .... + ... = ...
- Phrase de réponse : **Il y a .... gouttes de potion.**

Ma lecture ②

... Le Lézard arrive avec de nombreux autres reptiles. Ils attaquent tous Spider-Man. ...

Je vois

C c c

K k k

QU qu qu

J'écris

c

qu

k

J'entends

Le **c**anard

Le **k**oala

La **qu**ille

1 Lis les syllabes.

quo cau ka ac qui cou que ki ic

2 Entoure le dessin quand tu entends le son (k).

3 Entraîne-toi à écrire le son (k).

c

k qu

Maths 30

Les soustractions en ligne

Ma lecture ②

... Une vipère tente de mordre Spider-Man. Il l'évite et tisse alors des fils sur les reptiles et sur Le Lézard. ...

- Les **soustractions en ligne** utilisent **le signe –** et **le signe =**.
Elles s'écrivent sous la forme : **n – n = résultat**
Exemple : 9 – 4 = 5

- Elles peuvent servir à rédiger une réponse de calcul dans un problème.
Pour trouver le résultat d'une soustraction en ligne, **on soustrait en premier les unités** ensemble, puis **les dizaines** ensemble.

Exemple : **58 – 23 = _ _** *Tu commences par calculer les unités, donc 8 – 3 = 5.*

58 – 23 = _ 5 *Tu continues en calculant les dizaines, donc 5 – 2 = 3.*

58 – 23 = 35 *Le résultat est donc* **35**.

1 **Effectue ces soustractions. Tu peux t'aider en mettant des couleurs.**

a. 65 – 32 = ... **c.** 89 – 45 = ... **e.** 74 – 31 = ...

b. 97 – 23 = ... **d.** 56 – 44 = ... **f.** 32 – 12 = ...

2 **Complète ces soustractions à trous. Tu peux t'aider en mettant des couleurs.**

a. 37 – .... = 21 **c.** 72 – .... = 41 **e.** 85 – .... = 52

b. 98 – .... = 52 **d.** 67 – .... = 36 **f.** 32 – .... = 11

3 **Lors de l'attaque, 37 reptiles sont présents, mais 15 se sauvent par les portes ou les fenêtres.**
Combien reste-t-il de reptiles dans la pièce quand Spider-Man tisse ses fils ?

- Calcul : .... – .... = ...

- Phrase de réponse : **Il reste .... reptiles dans la pièce.**

Le son (gu) et le son (j)

Ma lecture ②

... Mais Le Lézard se libère des fils ! La lutte est terrible ! ...

• Le son (gu)

Je vois

G g g

GU gu gu

(avec les lettres e, i et y)

J'écris

J'entends

Le **gorille**

La **guitare**

• Le son (j)

Je vois

J j j

G g g

(avec les lettres e, i et y)

J'écris

J'entends

La **jupe**

La **girafe**

1 Entoure le dessin en rouge quand tu entends le son (gu) et en bleu quand tu entends le son (j).

2 Entoure les mots avec le son (gu) en rouge et les mots avec le son (j) en bleu.

LANGUE BOUGIE BAGUE GUIDON GORILLE LUGE

3 Entraîne-toi à écrire les lettres j et g.

j g

Maths **32**

Les additions posées

Ma lecture ②

... Le Lézard arrive très vite sur Spider-Man.
Il est prêt à le mordre. ...

- Pour calculer en colonne, le plus important est de bien disposer les chiffres. Il faut aligner les unités avec les unités et les dizaines avec les dizaines.
- On peut faire des additions sans retenue et des additions avec retenue.

Exemple :

sans retenue → 25 + 13

	Dizaines	Unités
	2	5
+	1	3
	3	**8**

1) *Tu calcules 5 + 3 = 8, tu notes 8 dans les unités.*
2) *Tu calcules 2 + 1 = 3, tu notes 3 dans les dizaines.*
3) *Le résultat est donc 38.*

avec retenue → 37 + 15

	Dizaines (1)	Unités
	3	7
+	1	5
	5	**2**

1) *Tu calcules 7 + 5 = 12, tu notes 2 dans les unités.*
2) *Tu notes (1) au-dessus des autres dizaines pour ne pas l'oublier.*
3) *Tu calcules les dizaines donc (1) + 3 + 1 = 5.*
4) *Tu notes 5 dans les dizaines.*
5) *Le résultat est donc 52.*

1 **Effectue ces additions posées.**

	Dizaines	Unités
	8	6
+	1	3
	....	....

	Dizaines	Unités
	6	7
+	2	1
	....	....

	Dizaines ◯	Unités
	4	8
+	2	3
	....	....

	Dizaines ◯	Unités
	3	6
+	4	7
	....	....

2 **Pose ces additions seul(e) et trouve les résultats.**

65 + 23 = ...

	Dizaines ◯	Unités
	....	....
+	....	....
	....	....

57 + 35 = ...

	Dizaines ◯	Unités
	....	....
+	....	....
	....	....

Spider-Jeux

Où sont passés les animaux ?

Retrouve dans la grille les mots suivants :

S	I	N	G	E	I	T
Z	E	B	R	E	C	J
D	G	I	R	A	F	E
G	O	T	A	R	I	E
K	T	O	U	C	A	N
J	T	I	G	R	E	H
H	B	J	L	I	O	N

SINGE
ZEBRE
OTARIE
LION
TIGRE
GIRAFE
TOUCAN

Un petit sourire

Complète l'autre partie du dessin pixel-art pour découvrir ce que Peter a dessiné dans son cahier.

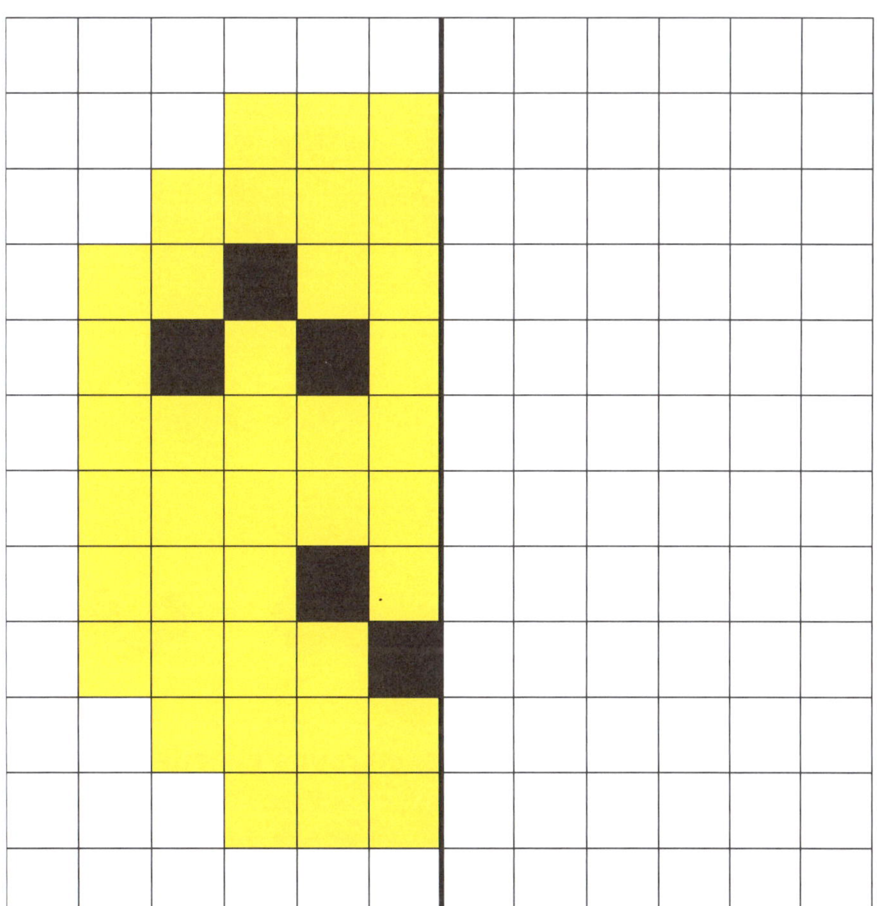

Français

33

Le son (s) et le son (z)

Ma lecture ②

... Spider-Man verse vite le remède. Le Lézard l'avale ! Spider-Man a réussi ! ...

• Le son (s)

Je vois

S s *S s*

(mais 2 s entre deux voyelles)

C c *C c*

(avec e ; i et y)
et ç (avec a et o)

J'écris

J'entends

Le serpent
La tasse

La cerise
Le glaçon

• Le son (z)

Je vois

Z z *Z z*

et *s* (entre deux voyelles)

J'écris

J'entends

Le zèbre

La cerise

1 **Entoure le dessin en rouge quand tu entends le son (s) et en bleu quand tu entends le son (z).**

2 **Souligne les lettres qui font le son (s) en rouge et celles qui font le son (z) en bleu.**

CITRON CUISINE SOURIS CHAISE LÉZARD

Maths 34

Les soustractions posées

Ma lecture ②

... Petit à petit, Le Lézard est redevenu le docteur Connors. Il est tout étourdi. ...

- Pour faire une soustraction posée, le plus important est de bien disposer les chiffres.
- Il faut aligner les unités avec les unités et les dizaines avec les dizaines.
- Il faut aussi toujours placer le plus grand nombre en haut.

Exemple : 87 – 24

	Dizaines	Unités
	8	7
–	2	4
	6	**3**

1) *Tu calcules* ***7*** *–* ***4*** *=* ***3*** *et tu notes* ***3*** *dans* ***les unités****.*
2) *Tu calcules* ***8*** *–* ***2*** *=* ***6*** *et tu notes* ***6*** *dans* ***les dizaines****.*
Le résultat est donc ***63****.*

1 Effectue ces soustractions posées.

	Dizaines	Unités
	7	5
–	2	3
	....	....

	Dizaines	Unités
	8	8
–	3	5
	....	....

	Dizaines	Unités
	5	6
–	4	3
	....	....

	Dizaines	Unités
	6	7
–	3	1
	....	....

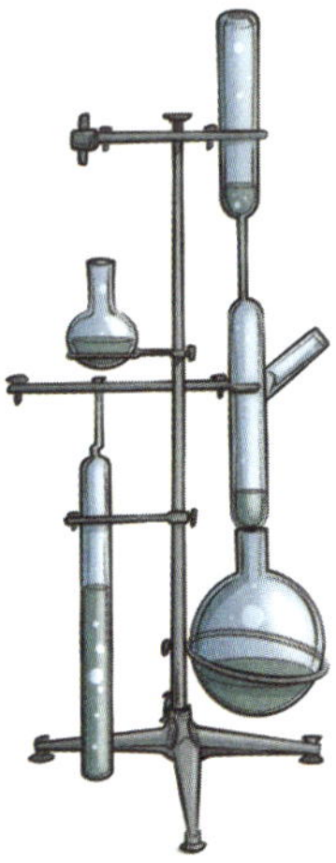

2 Pose ces soustractions seul(e) et trouve les résultats.

46 – 23 = ...

	Dizaines	Unités
	....	....
–	....	....
	....	....

87 – 36 = ...

	Dizaines	Unités
	....	....
–	....	....
	....	....

Le son (oi) et le son (oin)

Ma lecture ②

... Le soir venu, à table, Peter parle de l'école avec Tante May. Elle a préparé son plat préféré. ...

- **Le son (oi)**

Je vois

OI oi *oi*

J'écris

J'entends

La v**oi**ture

- **Le son (oin)**

Je vois

OIN oin *oin*

J'écris

J'entends

Le f**oin**

1 Entoure le dessin en rouge quand tu entends le son (oi) et en bleu quand tu entends le son (oin).

2 Souligne les lettres qui font le son (oi) en rouge et celles qui font le son (oin) en bleu.

POIREAU COIN ÉTOILE GROIN MIROIR POIRE

3 Entraîne-toi à écrire le son (oi) et le son (oin).

oi *oin*

Les étapes de la résolution de problèmes

Ma lecture ②

... Elle ne devine ni le secret de Peter, ni sa lutte contre Le Lézard. Un vrai héros discret ! **FIN**

Pour résoudre un problème, il est important de suivre plusieurs étapes.

❶ Tu peux lire le problème une première fois.

❷ Tu repères la **question** à l'aide du point d'interrogation **?**.

❸ Tu cherches les **mots indices** qui vont te permettre de savoir si on cherche quelque chose en plus ou en moins.

❹ Tu sélectionnes les **informations chiffrées** dont tu vas avoir besoin.

Exemple : Peter aime beaucoup manger.
*Hier midi, il y a mangé **4 hot-dogs**, puis **encore** **3 autres** le soir.*
Combien Peter a-t-il mangé de hot-dogs hier ?
4 + 3 = 7, Peter a mangé 7 hot-dogs hier.

→ *Encore indique que c'est en plus, donc on fera une addition.*

1 **Dans le problème suivant, mets en couleur les différentes étapes (la question, les mots indices, les chiffres dont tu auras besoin).**

Tante May a fait des tartes pour le dessert. Elle a épluché 5 pommes.
Elle a ajouté 3 poires à éplucher. Combien de fruits Tante May a-t-elle épluchés ?

2 **Lis le problème suivant et réponds aux questions par vrai ou faux.**

Cette semaine, Spider-Man a capturé 12 méchants le lundi et 15 le vendredi.
Combien Spider-Man a-t-il capturé de méchants en tout ?

a. On cherche le nombre de méchants capturés le mois dernier. ○ Vrai ○ Faux

b. On doit faire une addition. ○ Vrai ○ Faux

c. On doit faire 12 + 25. ○ Vrai ○ Faux

d. La réponse est 27. ○ Vrai ○ Faux

3 **Lis le problème, utilise les étapes de résolution et trouve la solution.**

Peter achète un bouquet de fleurs pour Tante May. Il achète 14 roses et ajoute 15 tulipes. Combien y a-t-il de fleurs dans son bouquet ?

• Calcul : ....

• Phrase de réponse : **Il y a** .... **fleurs dans le bouquet.**

Français

37 Le son (an)

Ma lecture ③

Miles, un ado, se promène au zoo. Il est avec un ami de l'école.

Je vois	J'écris	J'entends
AN an *an*		L'**enfant**
EN en *en*		La **tente**
AM an *am*		L'**am**bulance
et EM em *em* (devant m, b et p)		La **tem**pête

1 Lis les syllabes.

pan fen tem lam ran men nan den cham dan

2 Entoure le dessin quand tu entends le son (an).

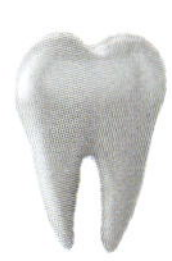

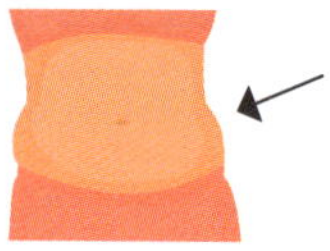

3 Complète les mots avec la syllabe qui convient.

LAM CHAM DAN PEN

......................PIGNON ....PE ....SER ....DULE

Maths 38

Se repérer dans l'espace

Ma lecture ③

... Mais des bêtes affolées arrivent à vive allure ! Elles vont droit sur Miles et son ami. ...

- **Se repérer dans l'espace** permet de savoir où on se trouve et où se trouve ce dont on parle.
- On peut ainsi donner des **indications précises**.

*Exemples : Miles est **sur** Rhino.*
*L'écureuil est **sous** Rhino.*
*Spider-Man est **devant** Rhino.*
*L'aigle est **derrière** l'autruche.*
*Le zèbre est à **gauche** de l'image.*
*L'autruche est à **droite** de l'image.*
*Rhino est **entre** le zèbre et l'autruche.*

1 **Colorie en vert la main droite et en rouge la main gauche.**

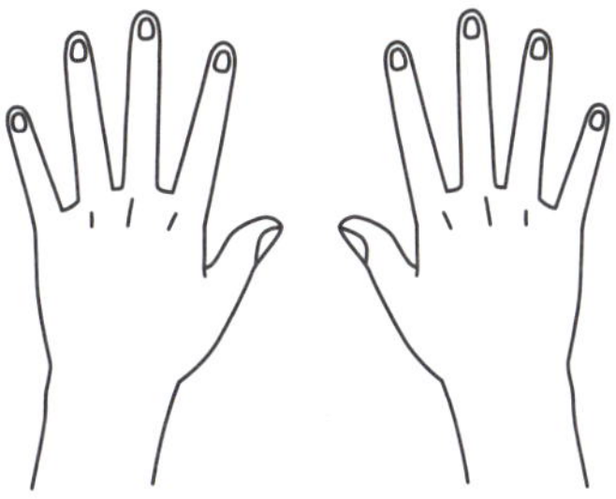

2 **Complète l'image en dessinant ce qu'il manque.**

→ Une bibliothèque **à droite** de la table
→ Une plante **devant** la bibliothèque
→ Un sac **sous** la table
→ Un cahier **sur** la table

3 **Observe les oiseaux qui s'échappent du zoo.**

a. Entoure **en vert** l'oiseau qui est devant.

b. Entoure **en bleu** celui qui est derrière tous les autres.

c. Entoure **en rouge** celui qui est au milieu.

Français

39 Le son (in)

Ma lecture ③

... Le terrible Rhino sort alors de la forêt.
C'est un super-vilain avec une armure de rhinocéros. ...

Je vois	J'écris	J'entends
IN in *in*		Le lapin 
IM im *im* (devant m, b et p)		Le timbre 
AIN ain *ain* (parfois aim)		Le pain 
EIN ein *ein*		La peinture 

1 Lis les syllabes.

fin pain faim pein lin tin bain rein vin nain

2 Entoure le dessin quand tu entends le son (in).

  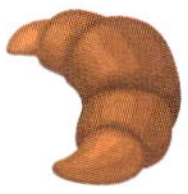   

3 Complète les mots avec la syllabe qui convient.

LIN TIM PAIN PEIN

CO.................... MOU.................... ....BALE ....TRE

Utiliser une règle

Ma lecture ③

... Il fonce sur Miles et son ami. Ils sont pris au piège ! ...

- Quand on **utilise la règle**, le plus important est de **bien la tenir** pour qu'elle ne bouge pas.
- Le **crayon** doit aussi être **bien taillé** pour avoir un tracé net.
- Il faut tenir ta règle avec les **doigts écartés posés dessus** pour bien la maintenir en contact avec la feuille. Elle ne bougera pas !

1 Complète la toile d'araignée en reliant les points de même couleur pour que Miles puisse s'y accrocher.

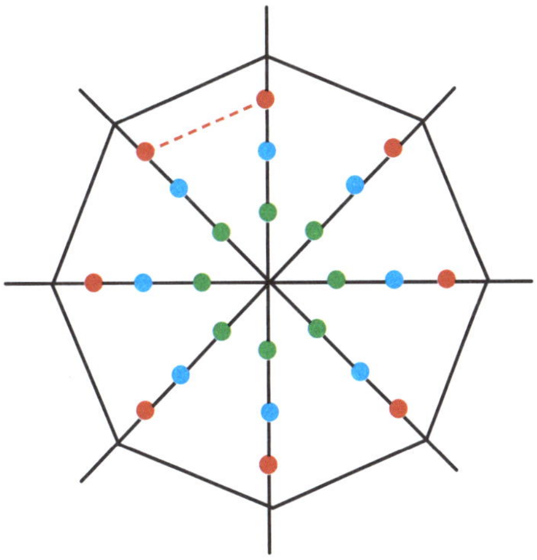

2 Entraîne-toi à réaliser des traits précis en repassant sur les lignes pointillées.

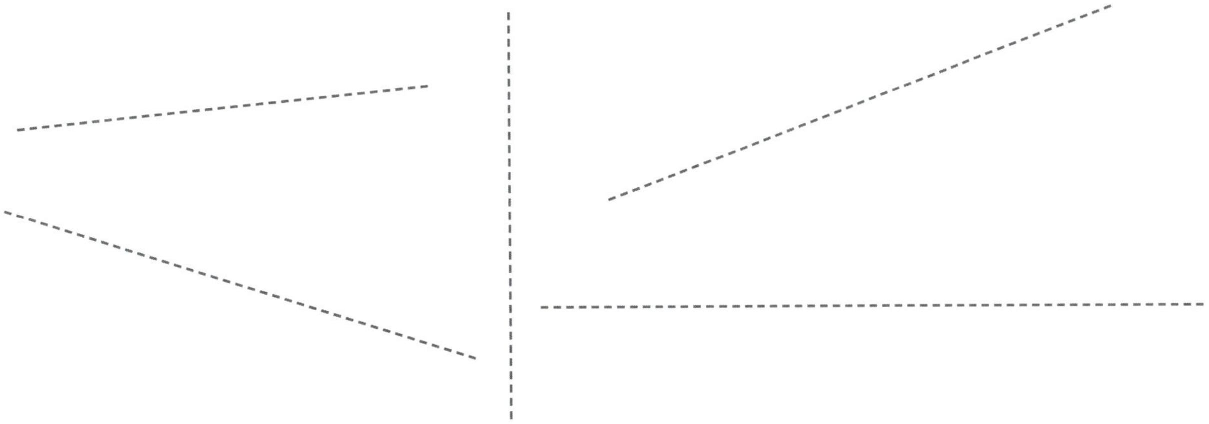

Spider-Jeux

N'oublie jamais !

Barre toutes les lettres B et D dans le tableau.
Reporte les lettres restantes dans l'ordre pour découvrir le message que Spider-Man t'a laissé.

B	T	B	O	I	D	D	B
D	A	U	D	D	B	S	D
D	D	B	S	D	I	D	T
U	B	D	B	E	D	B	S
B	U	B	N	B	S	D	B
D	B	U	B	P	E	D	D
R	H	B	B	D	B	D	E
D	B	R	D	O	S	B	D

Phrase réponse : ....

Besoin d'un allié

Miles a besoin de l'aide de Spider-Man. Il a laissé des indications pour le rejoindre.
Trace le chemin de Spider-Man jusqu'à Miles.

Indications : → → ↓ ↓ ↓ ← ↓ ↓ → → ↑ → → ↓ ↓ →

Le son (eu)

Ma lecture ③

... Vite, Spider-Man arrive ! Il défie l'énorme brute pour attirer son regard. ...

Je vois

EU eu *eu*

ŒU œu *œu*

J'écris

eu

œu

J'entends

Le f**eu**

Le c**œu**r

1 Lis les syllabes.

che cœu deu sœu nœu teu peu leu bœu veu

2 Entoure le dessin quand tu entends le son (eu).

3 Complète les mots avec la syllabe qui convient.

BŒU TEU LEU VEU

CHE.................... DOC....................R ....F F....................R

4 Entraîne-toi à écrire le son (eu).

eu *œu*

Maths 42

Se repérer sur un quadrillage

Ma lecture ③

Rhino est un super-vilain très fort. La lutte est rude.

Pour **se repérer sur un quadrillage**, il y a différents repères à connaître :
- les **lignes horizontales** et les **lignes verticales** ;
- les **cases** qui sont des rectangles ou des carrés ;
- les **nœuds** qui sont le croisement de **lignes verticales** et de **lignes horizontales**.

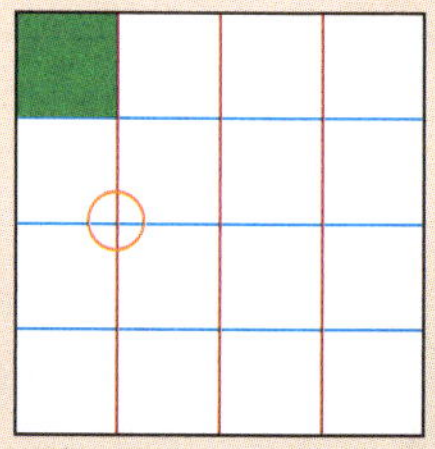

1 **Dessine des araignées dans le quadrillage vide aux mêmes endroits que dans le quadrillage modèle.**

2 **Dessine des étoiles sur les nœuds du quadrillage vide comme dans le modèle.**

Le son (gn)

Ma lecture ③

... Mais Miles dissimule lui aussi un secret. Il est en réalité un allié de Spider-Man. ...

Je vois

GN gn gn

J'écris

J'entends

Le peigne

1 Lis les syllabes.

gna gni gnon gno gnoi gnan gna gnen gne gné

2 Entoure le dessin quand tu entends le son (gn).

3 Complète les mots avec la syllabe qui convient.

GNE GNA GNOI GNEAU

CAMPA.....................

SI....................TURE

A.............................

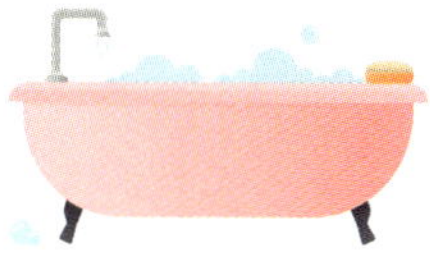

BAI....................RE

4 Entraîne-toi à écrire le son (gn).

gn

Maths
44 Lire un tableau à double entrée

Ma lecture ③

... Il sort un costume de super-héros bien caché.
Et il revêt sa super-tenue. ...

- **Lire un tableau** permet de trouver des **informations importantes** pour répondre à des questions.
- Le tableau à double entrée se lit dans deux sens :
  – le **sens vertical** (la colonne) comme dans l'exemple pour avoir des informations sur le nom des animaux ;
  – le **sens horizontal** (la ligne) comme dans l'exemple pour avoir des informations sur le lieu où ils se cachent.
- En croisant la lecture des lignes et colonnes, on obtient une **information dans une case** sur le nombre d'un animal précis dans un lieu précis.

Exemple : Il y a 5 oiseaux au zoo.

	Rue	Parc	Zoo	Toit
Oiseau	6	2	5	2
Chat	4	4	1	5
Papillon	2	3	1	0
Chien	4	2	4	0

1 Complète le tableau en dessinant ce qui est demandé. Regarde l'exemple.

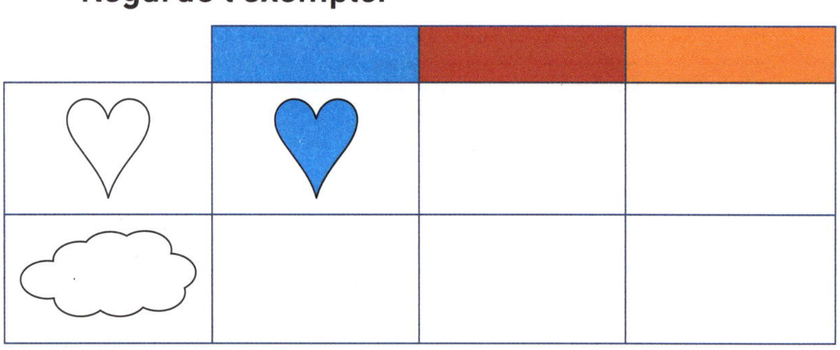

2 Lis le tableau et réponds aux questions sur les élèves de la classe de Miles.

	Basket	Football
Filles	7	9
Garçons	10	8

a. Combien de garçons pratiquent le basket ? ....

b. Combien de filles font du football ? ....

Le son (ill)

Ma lecture ③

... Hop ! Miles est devenu un Spider-Man noir et rouge.
Il file aider Spider-Man. ...

Je vois

ILL ill *ill*

IL il *il*

Y y *y*

J'écris

J'entends

La fille 

Le fauteuil 

Le yoyo 

1 Lis les syllabes.

ya | yu | ille | euil | yo | aille | ouille | you | yon | yau

2 Entoure le dessin quand tu entends le son (ill).

3 Complète les mots avec la syllabe qui convient.

YAU | ILLON | ILLA | YON

CRA....................

PAP..............................

NO....................

COQU....................GE

4 Entraîne-toi à écrire le son (ill).

ill *y*

Maths 46

Les figures géométriques simples

Ma lecture ③

▪▪▪ Les deux super-héros s'unissent pour battre Rhino. Ils l'attaquent tous les deux. ▪▪▪

• Les figures géométriques simples sont celles que l'on rencontre le plus souvent.

Le cercle

Le carré
Il a 4 sommets et 4 côtés de même longueur.

Le rectangle
Il a 4 sommets et 4 côtés. Il a 2 côtés face à face plus longs que les 2 autres.

Le triangle
Il a 3 sommets et 3 côtés.

1 **Colorie les figures selon le code couleur suivant : ■ ▬ ▲.**

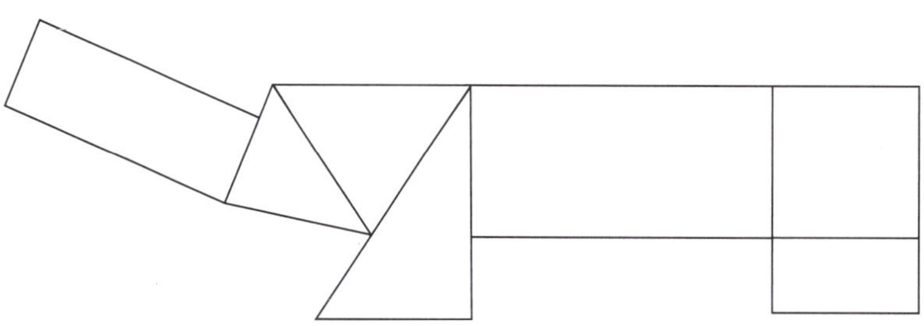

2 **Compte et note le nombre de figures à l'intérieur de la grande figure.**

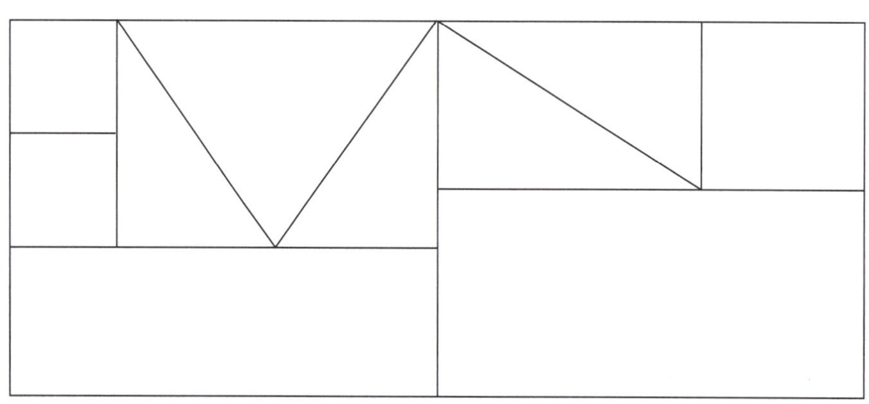

Triangles : .... **Rectangles :** .... **Carrés :** ....

L'article et le nom

Ma lecture ③

... Tout ne se passe pas comme prévu ! Spider-Man et Miles rencontrent un gros problème. ...

- Les **articles** sont des petits mots qui se trouvent **devant** les **noms**.
- Les articles sont les mots-outils suivants : **le**, **la**, **les**, **un**, **une** et **des**.
On trouve aussi **l'** devant une voyelle. *Exemple : **l'**avion*

***le** fil*	***la** maison*	***un** bonbon*
***un** fil*	***une** maison*	***des** bonbons*

- Les **noms** se rapportent aux choses, aux objets, aux personnes et aux animaux.
*Exemple : le **panda** ; une **chemise** ; des **gâteaux***

1 **Complète ces noms d'animaux échappés du zoo avec les bons articles.**

un — les — la — l'

.... girafe .... tigre .... éléphant .... pingouins

2 **Aide Peter et Miles en complétant ces phrases avec les bons noms.**

panthère — singes — otarie — lion

Un .... féroce attaque les passants. Les ...., eux, leur font des grimaces. L'.. nage dans le bassin du parc. La .... surveille ses petits.

3 **Entoure en bleu les articles et en vert les noms.**

une araignée — un allié — le méchant — la toile — les livres — des gâteaux

Maths

48 Les solides

Ma lecture ③

▪▪▪ Toutes les bêtes, dont les plus féroces, filent. Elles cherchent à sortir du zoo. ▪▪▪

- Dans les solides, il y a deux familles :

– les **cubes** qui ont des faces carrées. Ils ont 6 faces.

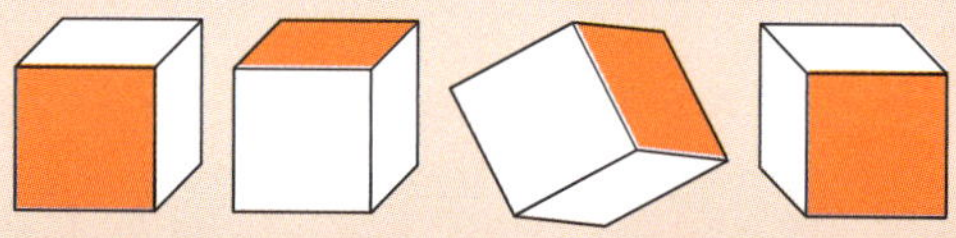

– les **pavés droits** qui ont aussi 6 faces. Ces faces peuvent être 6 faces rectangulaires ou 4 faces rectangulaires et 2 faces carrées.

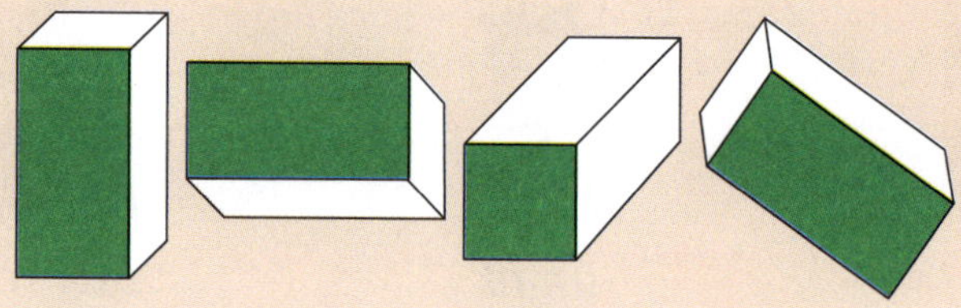

1 **Indique si ces figures sont un cube ou un pavé droit en cochant la bonne réponse sous chaque figure.**

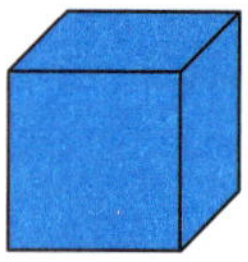

Cube ▢
Pavé droit ▢

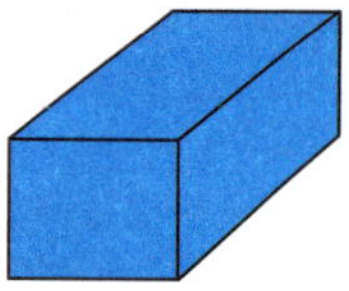

Cube ▢
Pavé droit ▢

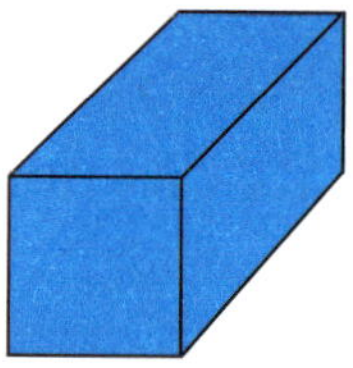

Cube ▢
Pavé droit ▢

2 **Regarde ces objets et écris en dessous s'ils sont de la famille du cube ou du pavé droit.**

....

....

....

....

3 **Réponds aux devinettes.**

a. Je n'ai que des faces carrées. → Je suis ....

b. J'ai 6 faces rectangulaires ou 4 faces rectangulaires et 2 carrées.

→ Je suis ....

Spider-Jeux

Un bon équipement !

Écris les mots suivants dans la grille en t'aidant des dessins. Toutes ces choses sont liées à Spider-Man. Ensuite, complète la phrase de Spider-Man avec le mot que tu as écrit dans la colonne colorée.

ARAIGNÉE – MASQUE – COSTUME – TOILE – CHAUSSURES

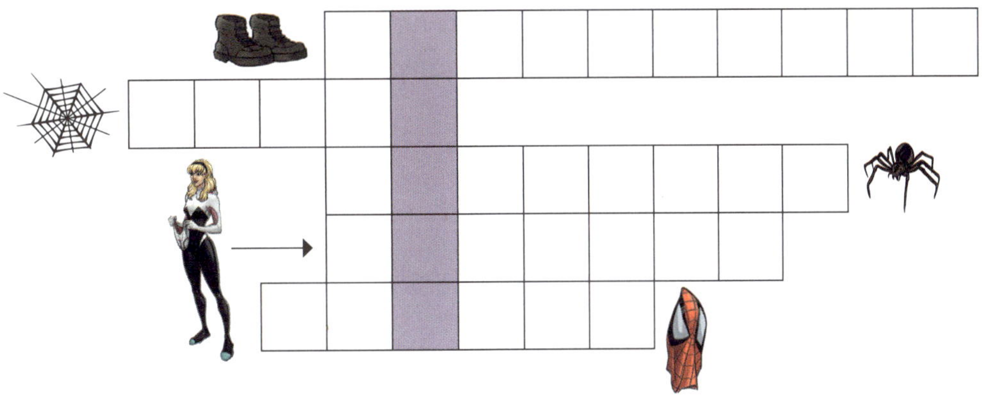

Tu es prêt à être un vrai .... !

La tête dans les nuages

Parfois Spider-Man choisit l'immeuble le plus haut et se pose sur le toit pour observer les nuages. Il les imagine de toutes les couleurs.
Colorie les nuages blancs pour que, sur chaque ligne, chaque colonne et chaque groupe de 6 cases, il y ait les 6 nuages de couleurs différentes.

Français
49
Le masculin et le féminin

Ma lecture ③

... Miles décide de se séparer de Spider-Man. Il pense qu'il sera plus facile de réussir chacun de son côté. ...

- Les **articles**, dont nous avons parlé dans la leçon 47, nous aident à savoir de quel genre est un **nom**.
- Un **nom** peut être **masculin** ou **féminin**.
- Si **devant le nom** tu peux placer l'article **un** ou **le**, on dit que le **nom** est **masculin**.
- Si **devant le nom** tu peux placer l'article **une** ou **la**, on dit que le **nom** est **féminin**.

MASCULIN	FÉMININ
Lapin → je peux dire ***un lapin*** ou ***le lapin*** 	***Biche*** → je peux dire ***une biche*** ou ***la biche*** 
Le lapin *court dans la prairie.*	***La biche*** *se balade dans la forêt.*

1 **Entoure les mots qui désignent les transports que prend Peter : en rouge les mots au féminin et en orange les mots au masculin.**

voiture

vélo

bus

bateau

trottinette

2 **Pour chaque mot qui désigne les qualités de Miles, choisis l'article qui convient en l'entourant.**

a. le / la courage
b. le / la force
c. le / la rapidité
d. le / la gentillesse

3 **Associe ces noms de métier masculin au nom féminin qui lui correspond.**

chanteur •	• boulangère
infirmier •	• infirmière
boulanger •	• danseuse
danseur •	• chanteuse

Ma lecture ③

... Miles arrive à rattraper les bêtes. Il les met à l'abri du danger. ...

- **Mesurer** est utile pour **comparer** ou **tracer des segments**. Cela permet de savoir quel segment est **le plus long** ou **le plus court**.
- Quand on mesure pour comparer deux longueurs, on utilise une unité qui est **toujours la même**. L'**outil** pour mesurer peut être **un bout de ficelle**, **une bandelette** ou **une règle**.
- Quand on utilise la règle pour mesurer un segment, il faut **bien positionner l'extrémité du segment à gauche sur le zéro de la règle**. On **lit ensuite la mesure à l'autre extrémité**.
- **Sur ta règle**, la mesure est exprimée **en centimètres (cm)**.

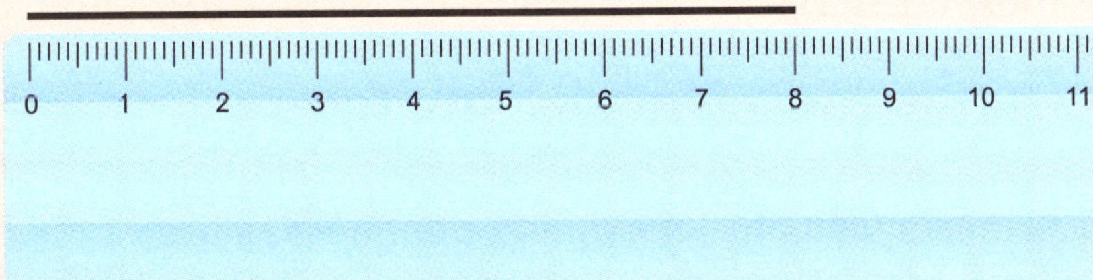

Ce segment mesure 8 cm.

1 **Mesure chaque segment et complète les phrases. On mesure à l'aide de bandelettes unités que l'on appelle U.**

A B C

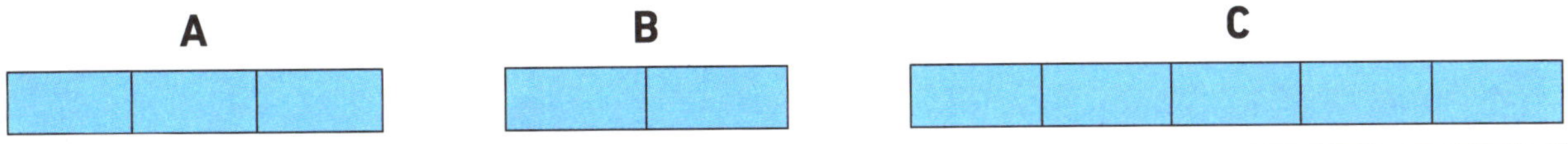

A mesure .... U. B mesure .... U. C mesure .... U.

2 **Avec une règle graduée en centimètres, mesure chaque segment et complète.**

a. .... cm

b. .... cm

c. .... cm

d. .... cm

Français
51 Le singulier et le pluriel

Ma lecture ③

... Une minute après... Bam ! Spider-Man est éjecté au sol, près de Miles. ...

- Les **articles** aident aussi à savoir si le **nom** qui va suivre est au **singulier** ou au **pluriel**.
- **« Singulier »** commence par un **s**, comme le mot **« seul »**. On parle donc d'**une seule chose**. Les articles utilisés sont : **un**, **une**, **le**, **la**.
- **« Pluriel »** commence par la syllabe **plu-**, comme le mot **« plusieurs »**. On parle donc de **plusieurs mêmes choses**. Les articles utilisés sont : **des**, **les**.
- **Au pluriel**, on trouve une lettre en plus à la fin du nom. On l'appelle la **marque du pluriel**. Le plus souvent, c'est un **s** et, parfois, on trouve un **x**.
Exemple : ***les enfants*** / ***des animaux***

1 Ajoute la marque du pluriel s quand c'est nécessaire. Aide-toi des déterminants.

Dans cette histoire, les garçon...... sont tous les deux des Spider-Man. La tenue...... est presque la même. Les couleur...... changent un peu. Mais nos deux héros ont la même qualité, le courage...... . Ils joignent donc les force...... de leurs super-pouvoirs pour battre les méchant...... .

2 Réécris ces mots au pluriel.

une casquette

des ....

un masque

des ....

une cape

des ....

un costume

des ....

3 Entoure en rouge les marques du pluriel. Attention au piège.

les arbres

les oiseaux

les cailloux

une souris

les fleurs

Ma lecture ③

... Rhino malmène trop Spider-Man. Miles et lui pensent donc à un plan plus efficace. ...

- En **France**, comme dans de **nombreux pays d'Europe**, la monnaie est **l'euro (€)**.
- Il existe **des pièces** et **des billets** en euro qui permettent de **compter la monnaie** quand on veut acheter quelque chose par exemple.
- Voici notre monnaie :

Les pièces

1 euro 2 euros

10 centimes 20 centimes 50 centimes

1 centime 2 centimes 5 centimes

Les billets

5 euros

10 euros

20 euros

50 euros

- Tu peux **faire de la monnaie** de différentes façons.

Exemple : Pour faire 10 euros, tu peux avoir 5 pièces de deux euros ou 2 billets de 5 euros ou 1 billet de 10 euros, etc.

1 Dessine, dans les cadres, le moins de pièces et de billets possible dont tu as besoin pour acheter ces objets.

15 €

7 €

4 €

2 Compare les prix de ces objets achetés par Peter pour sa rentrée. Entoure en rouge le plus cher et en bleu le moins cher.

19 €

30 €

4 €

5 €

Français
53
Les lettres muettes

Ma lecture ③

... Dès lors, le duo se reforme pour être plus fort ! Ils sont une équipe ! ...

- Les **lettres muettes** sont des lettres que l'**on n'entend pas**.
- On peut en repérer certaines quand on lit :

– la **lettre h** au **début d'un mot** ne s'entend pas ;
*Exemples : un **h**éro**s** ; un **h**élicoptère*
– les **marques du pluriel s** et **x** en fin de mot ;
*Exemples : des pouvoir**s** ; des couteau**x***
– les **lettres de fin de mot** qui vont permettre de **créer des mots de la même famille**.
*Exemples : un lézar**d** pour former le mot lézar**d**eau ;*
*la nuit pour former le mot nui**t**ée*

1 **Entoure de la même couleur les mots de la même famille.**

un chat   du vent   un marchand   un ventilateur   des chatons   des marchandises

2 **Complète les mots avec la lettre muette manquante.**

H   D   T   S

UNE ....ACHE

UNE SOURI.........

FROI.........

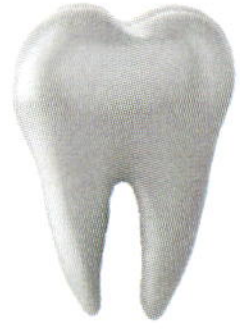
UNE DEN.........

3 **Lis les étiquettes et colorie celles dont le mot possède une lettre muette.**

| un rat | vif | un héron | gris | un fil | chaud |

4 **Trouve, pour chaque mot, un autre mot de la même famille. Aide-toi de la lettre muette.**

a. Grand : ....   **c.** Petit : ....

b. Rond : ....   **d.** Renard : ....

Lire l'heure

Ma lecture ③

... Spider-Man attrape Rhino avec des fils. Miles, lui, en profite pour l'assommer. ...

• Pour **se repérer dans une journée**, on utilise **les heures** que l'on peut lire sur une horloge, une montre, un téléphone… Parfois, l'heure est digitale ; parfois, il faut s'avoir lire le placement d'aiguilles.

Heure digitale

• **Pour les heures entières :**
– la **petite aiguille** indique les **heures** ;
– la **grande aiguille** indique les **minutes**. Pour indiquer l'heure pile, elle se trouve toujours sur le 12.

Il est 7 heures.

• **Pour les heures et demie** (c'est-à-dire les moitiés d'heure pile) :
– la **petite aiguille** indique les **heures** ;
– la **grande aiguille** indique les **minutes**. Elle est plus rapide que l'aiguille des heures. Une demi-heure, c'est 30 minutes, soit la moitié d'une heure (qui fait 60 minutes).

Il est 7 heures 30 ou 7 heures et demie.

1 **Entoure les objets qui servent à lire l'heure.**

2 **Dessine l'aiguille des heures en bleu.**

a. Il est 7 h. 
b. Il est 5 h. 
c. Il est 3 h. 

2 **Dessine l'aiguille des minutes en rouge.**

a. Il est 4 h 30.

b. Il est 9 h 30.

c. Il est 11 heures et demie.

Français 55

La phrase

Ma lecture ③

... Rhino est battu. Spider-Man est fier de Miles !
Il a trouvé un allié. ...

- La **phrase est une suite de mots**. Pour qu'une suite de mots soit vraiment une phrase, elle doit répondre à **trois critères** :
  – elle commence toujours par **une majuscule** ;
  – elle se termine toujours par **un point**. Il existe différents points (. ! ? ...) ;
  – elle a toujours **du sens**.
- Si une suite de mots ne répond pas à tout cela, ce n'est pas une phrase.
- Il ne faut pas confondre **une ligne et une phrase**.

Exemple : ***Quel bonheur ! Les héros ont gagné.***
→ Il y a 1 ligne, mais 2 phrases.

1 Entoure les majuscules et les points.

a. Spider-Man tisse sa toile.

b. Rhino attaque les deux héros.

c. Miles enfile son costume.

2 Barre à la règle les phrases incorrectes.

a. Miles amis pas n'a.
b. Peter se retrouve au sol.
c. Les héros se battent pour un plus beau monde.
d. le rhino est battu.
e. Les garçons sont maintenant amis

3 Souligne chaque phrase d'une couleur différente. Compte ensuite les lignes et les phrases.

Une belle journée commence ! Ce matin, Peter est de bonne humeur. En cours, les
scientifiques du musée viennent parler des araignées. Il va peut-être en apprendre
un peu plus sur celle qui l'a mordu. Mais il ne doit pas oublier de rester discret.

Nombre de lignes : ....

Nombre de phrases : ....

Ma lecture ③

... Nos super-héros fêtent leur bonne entente.
Ils méritent un super-repas ! **FIN**

- La **masse**, c'est le **poids d'un objet**.

Exemple : La grosse pizza que mange Peter pèse plus lourd que la petite pizza que mange Miles.

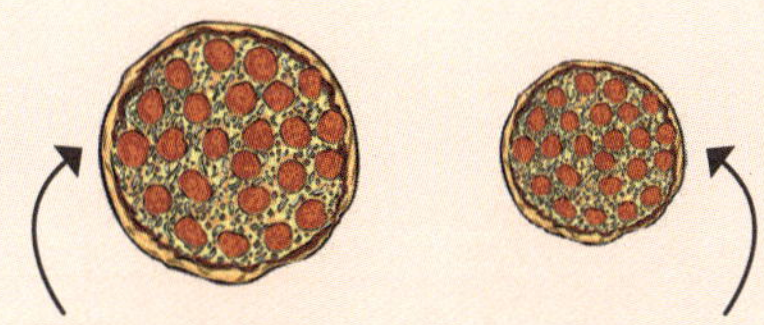

- Pour **mesurer la masse** d'un objet, on utilise **une balance** pour le **peser**. La balance sert aussi à **comparer deux masses**.

Exemple : La grosse pizza est ***plus lourde*** *que la petite pizza. La petite pizza est* ***plus légère*** *que la grosse pizza. La petite pizza est aussi lourde que les 4 hot-dogs. Ils ont* ***le même poids****.*

1 **Observe les balances et, pour chacune d'entre elles, entoure l'objet le plus léger.**

2 **Complète les phrases avec plus de ou moins de et entoure l'objet le plus lourd de tous.**

a. Le sac pèse .... 1 kg.

b. La boîte pèse .... 1 kg.

c. La bouteille pèse .... 1 kg.

Spider-Jeux

D'une araignée à une autre !

Miles a envoyé une carte postale à Spider-Man, mais les voyelles se sont effacées. Remplace chaque dessin par la voyelle qui lui correspond.

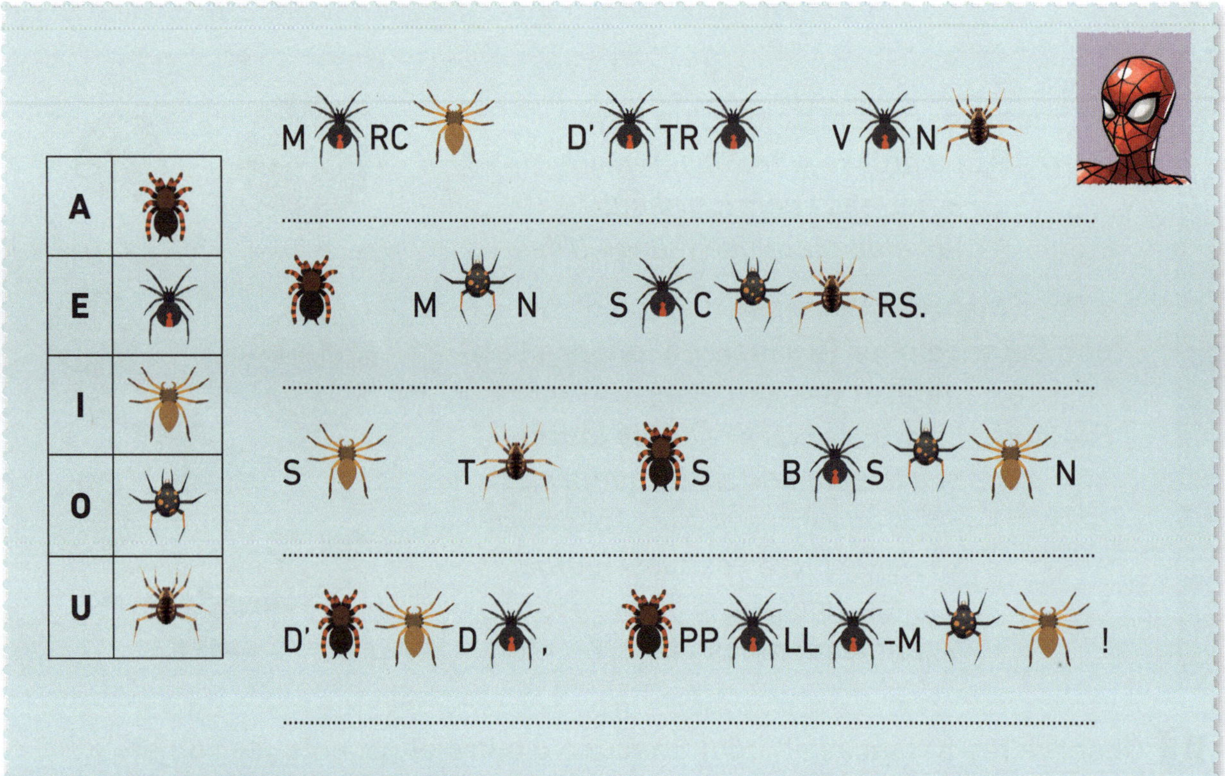

Attention, bête féroce !

La cage de transport du lion a été cassée pendant une attaque. Nos héros ont besoin de toi. Avec ta règle, trace des barreaux sur la cage pour pouvoir le transporter. Attention, tes barreaux doivent être bien droits.

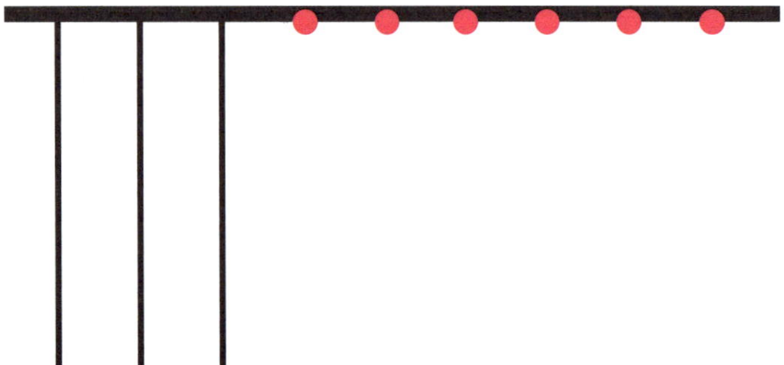

Corrigés

1 L'alphabet et les voyelles .... p. 4

1 Entourer : B / t / v / x / w / R / g / L / m

2

B	A	v	O	j	i	p	n	q	y	c	m
Y	t	e	a	h	x	k	I	o	w	L	E

3 PARC ; STADE ; MUSÉE ; AÉROPORT ; BIBLIOTHÈQUE

2 Les chiffres de 1 à 5 .... p. 5

1

3 2 4

2 Le code secret est : **5 2 4 3**.

3 Il y a **5** immeubles dans le quartier.

3 Les syllabes .... p. 6

1 Dinosaure : **3** syllabes ; Taxi : **2** syllabes ; Statue : **2** syllabes

2 FOUR/MI MOU/CHE MOU/CHE/RON TER/MI/TE

3 laboratoire

4 Les nombres de 6 à 10 .... p. 7

1 1er bocal : **8** araignées ; 2e bocal : **7** araignées ; 3e bocal : **9** araignées ; 4e bocal : **10** araignées

2 Il faut d'abord barrer **2** fioles. Ensuite **1** fiole. Puis **1** fiole. Et enfin **2** fioles.

5 Le son (l) .... p. 8

2 Il faut entourer : **lit**, **vélo**, **lézard**, **parasol**.

3 SALADE ; LIVRE ; LUNE ; LOCOMOTIVE

6 Les unités et les dizaines .... p. 9

1 Il y a **2** paquets de 10 briques. On peut dire qu'il y a **2** dizaines.

2 **a.** Ajouter 5 unités. **b.** Ajouter 3 unités. **c.** Ajouter 7 unités. **d.** Ajouter 2 unités.

7 Le son (l) .... p. 10

1 M n N m r n M m N

2 NEZ ; MOMIE ; TOMATE ; NUAGE

8 Les compléments à 10 .... p. 11

1 **2 + 8** **9 + 1** **3 + 7** **4 + 6** **6 + 4**

2 Pour la commande de Peter, il faut ajouter 3 pizzas ; pour celle de Gwen, il faut ajouter 5 pizzas et pour celle de Miles, 6 pizzas.

Spider-Jeux .... p. 12

De Peter à Spider-Man :

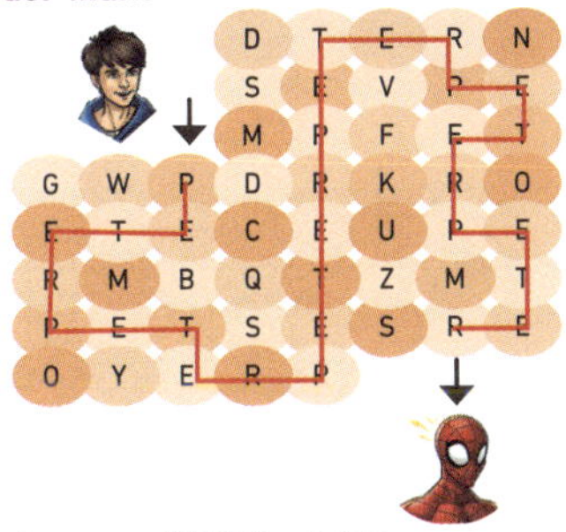

On peut tracer le nom « PETER » 6 fois.

Qui est le prochain ? : Le chemin est 6 + 4 ; 1 + 9 ; 4 + 6 ; 7 + 3 ; 5 + 5 ; 3 + 7.
Le prochain méchant qu'affrontera Spider-Man est **Mysterio**.

9 Le son (r) .... p. 13

2 Il faut entourer : **renard**, **rame**, **guitare**, **arrosoir**.

3 ROBOT ; FARINE ; RATEAU ; ARTICHAUT

10 Les nombres de 11 à 19 .... p. 14

1 Il y a : **15** billets, puis **13** billets et enfin **11** billets.

2 Il faut dessiner **4 perles sur le premier collier**, puis **8 perles sur le second** et enfin **7 perles sur le dernier**.

11 Le son (p) .... p. 15

2 Il faut entourer : **panda**, **parapluie**, **poisson**, **pantalon**.

3 PARASOL ; PUTOIS ; EPÉE ; PISSENLIT

12 L'écriture des nombres de 1 à 19 .... p. 16

2 **a.** dix-sept ; **b.** onze ; **c.** seize ; **d.** treize ; **e.** dix-huit ; **f.** 15 ; **g.** 12 ; **h.** 19 ; **i.** 14 ; **j.** 10

13 Le son (b) et le son (d) .... p. 17

1 b D d b D p B d B q

2 BIBERON ; DAME ; LAVABO ; DENT

14 Les tables d'addition .... p. 18

1 **a.** 8 + 1 = **9** ; **b.** 4 + 3 = **7** ; **c.** 6 + 3 = **9** ; **d.** 2 + 3 = **5** ; **e.** 9 + 4 = **13** ; **f.** 8 + 5 = **13** ; **g.** 6 + 5 = **11** ; **h.** 9 + 7 = **16** ; **i.** 3 + 1 = **4** ; **j.** 4 + 7 = **11** ; **k.** 5 + 7 = **12** ; **l.** 4 + 2 = **6**

2 **Maison du 2** → 0 + 2 = 2 ; 1 + 1 = 2 ; 2 + 0 = 2
Maison du 5 → 0 + 5 = 5 ; 1 + 4 = 5 ; 2 + 3 = 5 ; 3 + 2 = 5 ; 4 + 1 = 5 ; 5 + 0 = 5
Maison du 8 → 0 + 8 = 8 ; 1 + 7 = 8 ; 2 + 6 = 8 ; 3 + 5 = 8 ; 4 + 4 = 8 ; 5 + 3 = 8 ; 6 + 2 = 8 ; 7 + 1 = 8 ; 8 + 0 = 8

15 Le son (t) .... p. 19

2 Il faut entourer : **tente**, **bateau**, **trousse**.

3 TASSE ; TIRELIRE ; TOMATE ; TÉTINE

Corrigés

16 Les nombres de 20 à 59 .... p. 20

1 a. 36 ; b. 42 ; c. 53

2 a. 33 ; b. 47 ; c. 55 ; d. 27 ; e. 38 ; f. 42

3

vingt	20	21	22	23	24	25	26	27	28	29
trente	30	31	32	33	34	35	36	37	38	39
quarante	40	41	42	43	44	45	46	47	48	49
cinquante	50	51	52	53	54	55	56	57	58	59

Spider-Jeux .... p. 21

Un terrible danger :
Message pour Spider-Man → **MYSTERIO EST EN VILLE**

Besoin de force :

Spider-Man a récupéré **7 remèdes**.

17 Le son (f) et le son (v) .... p. 22

1 F v g V f F V t v f

2 FORÊT ; VOITURE ; FIL ; RÉVEIL

18 Les nombres de 60 à 100 .... p. 23

1 a. 80 ; b. 73 ; c. 68 ; d. 96 ; e. 75 ; f. 83

2

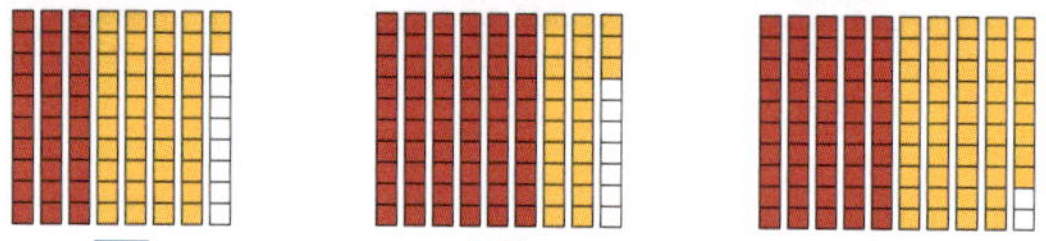

72 83 98

3 Spider-Man a sauvé **58** innocents.

19 Le son (é) et le son (è) .... p. 24

2 Il faut entourer en rouge : poupée, fée, hélicoptère, éléphant.
Il faut entourer en bleu : fenêtre, poulet, hélicoptère.

3 NEZ ; MANÈGE ; LAINE ; CHALET ; BALEINE ; GOÛTER

20 L'écriture des nombres de 20 à 100 .... p. 25

1 85 → quatre-vingt-cinq ; 72 → soixante-douze ;
62 → soixante-deux ; 95 → quatre-vingt-quinze

2 87 → *quatre-vingt-sept* ; 99 → *quatre-vingt-dix-neuf* ;
76 → *soixante-seize*

21 Le son (o) .... p. 26

2 Il faut entourer : **chameau, piano, gaufre, cochon.**

22 Les doubles et les moitiés .... p. 27

1 4 + 4 = **8** ; 5 + **5** = **10** ; **7** + **7** = **14**

2 Pour le premier partage, chacun aura **6 cookies**.
Pour le second partage, chacun aura **10 cookies**.

23 Le son (ou) .... p. 28

2 Il faut entourer : **bijou**, **chou**, **tour**, **four**.

3 COUTEAU ; MOULE ; POULE ; BOUTON

24 Les doubles et les moitiés .... p. 29

1 Au parc : **10 serpents** ; Au supermarché : **6 serpents**
Le lieu où il y a le plus petit nombre de serpents est le **supermarché**.

2 a. 25 < 37 ; b. 36 < 65 ; c. 42 > 12 ; d. 98 > 89 ; e. 63 > 35 ; f. 72 > 63 ; g. 47 < 48 ; h. 27 < 37

3 a. 27 < tout nombre supérieur à 27 ; b. 36 > tout nombre inférieur à 36 ; c. 88 < tout nombre supérieur à 88 ; d. 12 > tout nombre inférieur à 12

Spider-Jeux .... p. 30

Cours d'anglais : Le mot à trouver est **SPIDER**.

Quel beau dessin ! :

37	69	13	24	68	23	41	85	78	64	11	5	31
25	21	22	37	13	24	27	32	71	81	82	17	43
39	81	54	9	97	49	54	89	63	71	16	7	55
57	99	66	13	25	47	31	77	55	59	26	99	19
61	37	31	48	85	51	33	65	47	34	17	87	85
43	33	43	65	28	69	43	53	60	47	25	75	13
21	61	57	37	39	88	45	46	59	15	83	63	51
29	87	69	21	41	53	14	47	11	23	47	51	89

25 Le son (on) .... p. 31

2 Il faut entourer : **mouton**, **pont**, **savon**, **montre**.

3 COCHON ; POISSON ; MONTAGNE ; BALLON

26 Ranger les nombres .... p. 32

1 Il faut colorier le vivarium du milieu et entourer le premier vivarium.

2 15 < **27** < 30 < **45** < 60 < **71** < **78** < 98

3 10 étoiles rouges ; 15 étoiles bleues ; 18 étoiles vertes ; 6 étoiles orange.
Donc **18** > **15** > **10** > **6**.

Corrigés

27 Le son (ch) .... p. 33

2 Il faut entourer : **chenille**, **cheminée**, **chat**, **chocolat**.

3 CHAPEAU ; CHIFFRE ; LOUCHE ; PARACHUTE

28 Les additions en ligne .... p. 34

1 27 ; 56 ; 38 ; 7 ; 75 ; 93

2 a. 25 + 14 = 39 ; b. 15 + 32 = 47 ; c. 32 + 54 = 86 ; d. 73 + 2 = 75 ; e. 64 + 24 = 88 ; f. 54 + 21 = 75

3 Le calcul : **23 + 15 = 38**.
Phrase de réponse : Il y a **38** gouttes de potion.

29 Le son (k) .... p. 35

2 Il faut entourer : **kangourou**, **coq**, **café**, **brique**, **perroquet**.

30 Les soustractions en ligne .... p. 36

1 a. 65 – 32 = 33 ; b. 97 – 23 = 74 ; c. 89 – 45 = 44 ; d. 56 – 44 = 12 ; e. 74 – 31 = 43 ; f. 32 – 12 = 20

2 a. 37 – 16 = 21 ; b. 98 – 46 = 52 ; c. 72 – 31 = 41 ; d. 67 – 31 = 36 ; e. 85 – 33 = 52 ; f. 32 – 21 = 11

3 Le calcul : **37 – 15 = 22**.
Phrase de réponse : Il reste **22** reptiles dans la pièce.

31 Le son (gu) et le son (j) .... p. 37

1 Il faut entourer en rouge : gomme, dragon.
Il faut entourer en bleu : bougie, bijou, jaune, rouge.

2 LANGUE ; BOUGIE ; BAGUE ; GUIDON ; GORILLE ; LUGE

32 Les additions posées .... p. 38

1 86 + 13 = 99 ; 67 + 21 = 88 ; 48 + 23 = 71 ; 36 + 47 = 83

	Dizaines	Unités
	8	6
+	1	3
	9	9

	Dizaines	Unités
	6	7
+	2	1
	8	8

	Dizaines	Unités
	4 (1)	8
+	2	3
	7	1

	Dizaines	Unités
	3 (1)	6
+	4	7
	8	3

2 65 + 23 = **88** ; 57 + 35 = **92**

	Dizaines	Unités
	6	5
+	2	3
	8	8

	Dizaines	Unités
	5 (1)	7
+	3	5
	9	2

Spider-Jeux .... p. 39

Où sont passé les animaux ?

S	I	N	G	E	I	T
Z	E	B	R	E	C	J
D	G	I	R	A	F	E
G	O	T	A	R	I	E
K	T	O	U	C	A	N
J	T	I	G	R	E	H
H	B	J	L	I	O	N

Un petit sourire :

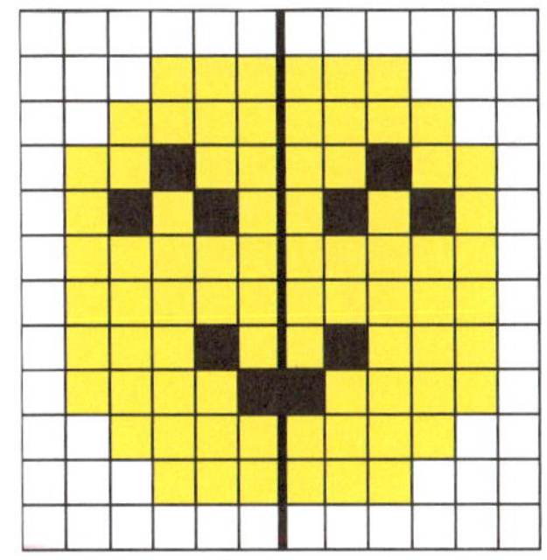

33 Le son (s) et le son (z) .... p. 40

1 Il faut entourer en rouge : salade, sifflet, chaussure.
Il faut entourer en bleu : fraise, dinosaure, valise.

2 CITRON, CUISINE, SOURIS, CHAISE, LÉZARD

34 Les soustractions posées .... p. 41

1 75 – 23 = 52 ; 88 – 35 = 53 ; 56 – 43 = 13 ; 67 – 31 = 36

	Dizaines	Unités
	7	5
–	2	3
	5	2

	Dizaines	Unités
	8	8
–	3	5
	5	3

	Dizaines	Unités
	5	6
–	4	3
	1	3

	Dizaines	Unités
	6	7
–	3	1
	3	6

2 46 – 23 = **23** ; 87 – 36 = **51**

	Dizaines	Unités
	4	6
–	2	3
	2	3

	Dizaines	Unités
	8	7
–	3	6
	5	1

35 Le son (oi) et le son (oi) .... p. 42

1 Il faut entourer en rouge : poisson, oiseau, roi, mouchoir.
Il faut entourer en bleu : poing, shampoing.

2 POIREAU ; COIN ; ÉTOILE ; GROIN ; MIROIR ; POIRE

36 Les étapes de la résolution de problèmes ... p. 43

1 Tante May a fait des tartes pour le dessert. Elle a épluché 5 pommes. Elle a ajouté 3 poires à éplucher. Combien de fruits Tante May a-t-elle épluchés ?

2 a. Faux ; b. Vrai ; c. Faux ; d. Vrai

3 Calcul : **14 + 15 = 29**.
Phrase de réponse : Il y a **29** fleurs dans le bouquet.

37 Le son (an) .... p. 44

2 Il faut entourer : **ampoule**, **piment**, **dent**, **ventre**.

3 CHAMPIGNON, LAMPE, DANSER, PENDULE

Corrigés

38 Se repérer dans l'espace .... p. 45

1
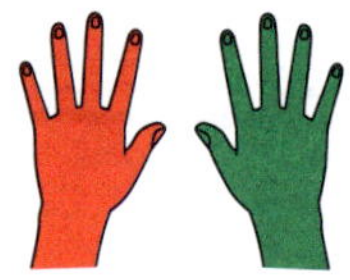

2

3

39 Le son (in) .... p. 46

2 Il faut entourer : **sapin**, **raisin**, **ceinture**, **coussin**.

3 COPAIN ; MOULIN ; TIMBALE ; PEINTRE

40 Se repérer dans l'espac .... p. 47

1
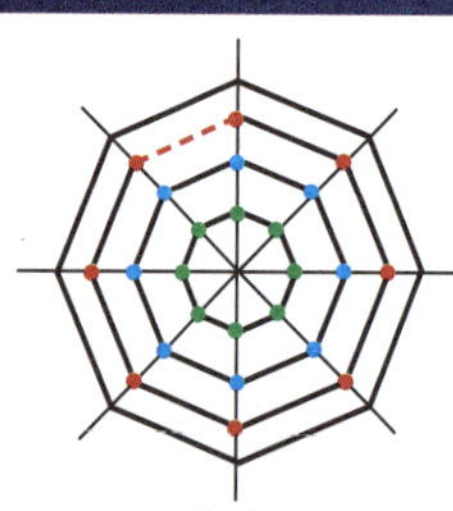

Spider-Jeux .... p. 48

N'oublie jamais ! :
La phrase réponse est : « Toi aussi tu es un super-héros. »

Besoin d'un allié :

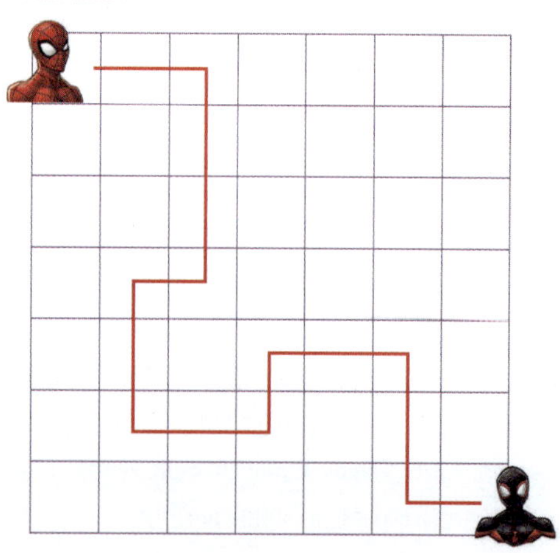

41 Le son (eu) .... p. 49

2 Il faut entourer : **beurre**, **nœud**, **œuf**, **voleur**.

3 CHEVEU ; DOCTEUR ; BŒUF ; FLEUR

42 Se repérer sur un quadrillage .... p. 50

1 L'enfant doit recopier le modèle à l'identique.

2 L'enfant doit recopier le modèle à l'identique.

43 Le son (gn) .... p. 51

2 Il faut entourer : **champignon**, **montagne**, **poignée**, **araignée**.

3 CAMPAGNE ; SIGNATURE ; AGNEAU ; BAIGNOIRE

44 Lire un tableau à double entrée .... p. 52

1

2 **a.** 10 garçons pratiquent le basket. **b.** 9 filles font du football.

45 Le son (ill) .... p. 53

2 Il faut entourer : **soleil**, **grenouille**, **feuille**, **yaourt**, **tuyau**.

3 CRAYON ; PAPILLON ; NOYAU ; COQUILLAGE

46 Les figures géométriques simples .... p. 54

1

2 Triangles : **5** ; Rectangles : **2** (on ne compte que les simples, à l'intérieur de la figure) ; Carrés : **3**.

47 L'article et le nom .... p. 55

1 **la** girafe ; **un** tigre ; **l'**éléphant ; **les** pingouins

2 Un **lion** féroce attaque les passants. Les **singes**, eux, leur font des grimaces. L'**otarie** nage dans le bassin du parc. La **panthère** surveille ses petits.

3 **une araignée** ; **un allié** ; **le méchant** ; **la toile** ; **les livres** ; **des gâteaux**

48 Les solides .... p. 56

1 cube, pavé droit, pavé droit

2 jeux = cubes ; boîte de mouchoirs = pavé droit ; dés = cubes ; gomme = pavé droit

3 **a.** Je suis un **cube**. **b.** Je suis un **pavé droit**.

Spider-Jeux .... p. 57

Un bon équipement ! :
La phrase réponse est : « Tu es prêt à être un vrai héros ! »

La tête dans les nuages :

49 Le masculin et le féminin .... p. 58

1 Il faut entourer en rouge : la **voiture** et la **trottinette**.
Il faut entourer en orange : le **vélo**, le **bus** et le **bateau**.

2 **a.** **le** courage ; **b.** **la** force ; **c.** **la** rapidité ; **d.** **la** gentillesse

3 chanteur / chanteuse ; infirmier / infirmière ; boulanger / boulangère ; danseur / danseuse

50 Les longueurs .... p. 59

1 A mesure **3 U** ; B mesure **2 U** ; C mesure **5 U**.

2 **a.** 4 cm ; **b.** 7 cm ; **c.** 2 cm ; **d.** 1 cm

51 Le singulier et le pluriel .... p. 60

1 Dans cette histoire, les **garçons** sont tous les deux des Spider-Man. La **tenue** est presque la même. Les **couleurs** changent un peu. Mais nos deux héros ont la même qualité, le **courage**. Ils joignent donc les **forces** de leurs super-pouvoirs pour battre les **méchants**.

2 des **casquettes** ; des **masques** ; des **capes** ; des **costumes**

3 les arbres ; les oiseaux ; les cailloux ; une souris ; les fleurs

52 La monnaie .... p. 61

1 15 € → un billet de 10 € et un billet de 5 €.
7 € → un billet de 5 € et une pièce de 2 €.
4 € → deux pièces de 2 €.

2 Le plus cher est le **sac à 30 €** et le moins cher est le **cahier à 4 €**.

53 Les lettres muettes .... p. 62

1 **un chat** ; **du vent** ; **un marchand** ; **un ventilateur** ; **des chatons** ; **des marchandises**

2 UNE HACHE ; UNE SOURIS ; FROID ; UNE DENT

3 un rat ; un héron ; gris ; chaud

4 **a.** grande, grandeur, grandir, etc. ; **b.** ronde, rondeur, etc. ; **c.** petite, rapetisser, etc. ; **d.** renardeau, renarde

54 Lire l'heure .... p. 63

1 Il faut entourer : **téléphone**, **pendule**, **horloge**, **montre**.

2

7 h — 5 h — 3 h

3

4 h 30 — 9 h 30 — 11 heures et demie

55 La phrase .... p. 64

1 **a.** Ⓢpider-Ⓜan tisse sa toile. ; **b.** Ⓡhino attaque les deux héros. ; **c.** Ⓜiles enfile son costume.

2 Il faut rayer les phrase incorrectes : a. , d., e.

3 Une belle journée commence ! Ce matin, Peter est de bonne humeur. En cours, les scientifiques du musée viennent parler des araignées. Il va peut-être en apprendre un peu plus sur celle qui l'a mordu. Mais il ne doit pas oublier de rester discret.
Nombre de lignes : **3**. Nombre de phrases : **5**.

56 Lire l'heure .... p. 65

1 1re balance : entourer le **stylo**. 2e balance : entourer le **livre**. 3e balance : entourer le **stylo**.

2 **a.** Le sac pèse **plus de** 1 kg. **b.** La boîte pèse **moins de** 1 kg. **c.** La bouteille d'eau pèse **moins de** 1 kg.

Spider-Jeux .... p. 66

D'une araignée à une autre ! : Merci d'être venu à mon secours. Si tu as besoin d'aide, appelle-moi !

Attention, bête féroce ! :

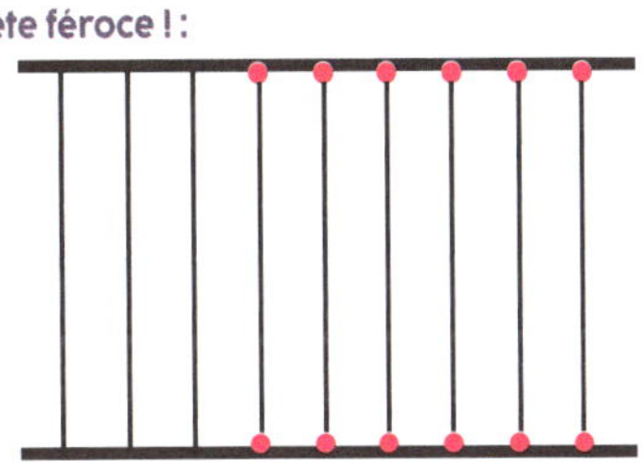